EXCEL

TODO LO QUE DEBES SABER SOBRE ESTA POTENTE HOJA DE CÁLCULO

MIGUEL ANTÚNEZ

www.excel.guiaburros.es

EDITATUM

Diseño de cubierta: © Looking4

Maquetación de interior: © Editatum

Primera edición: marzo de 2019

Segunda edición: septiembre de 2019

Tercera edición: mayo de 2022

ISBN: 978-84-17681-15-9

Depósito legal: M-11040-2019

Impreso en España/ Printed in Spain

Si después de leer este libro, lo ha considerado como útil e interesante, le agradeceríamos que hiciera sobre él una **reseña honesta en cualquier plataforma de opinión** y nos enviara un e-mail a **opiniones@guiaburros.es** para poder, desde la editorial, enviarle **como regalo otro libro de nuestra colección.**

Agradecimientos

Este libro va dedicado a las personas que son el motor de mi vida: Yvonne, Nicole y Annette, mi mujer y mis hijas, ya que sin ellas nada de esto sería posible.

Y gracias a Excel, que me ha permitido ganarme la vida con ella y ayudar a mucha gente, a hacer su vida, tanto profesional como personal, más sencilla.

Sobre el autor

 **Miguel Antúnez** nació hace 38 años en Madrid, donde ha vivido casi toda su vida, pero hace tres años pudo cumplir el sueño de trasladarse con su familia a Canarias, un universo paralelo, donde el clima, su gente y sus playas, hace que la vida sea "otro rollo"...

Tiene 2 maravillosas hijas, de 6 y 3 años, que, junto a su mujer, hacen que saque la mejor versión de sí mismo, ellas tres son su motor.

Le encanta la cocina, en especial la repostería, disfruta como un enano cocinando para su familia y amigos más íntimos y durante su vida ha tenido mucha afición por el tenis de mesa, el billar y todo el mundillo fitness... Aunque este último no es muy compatible con el de la cocina.

Le encanta viajar y descubrir sitios diferentes con su familia, es la mejor inversión que se puede hacer, la que luego se te queda en el cuerpo, en la mente y el alma.

Cree más que nunca que las oportunidades se crean, hay que trabajarlas y lucharlas, pero todos podemos llegar a tener ese estilo de vida que nos gustaría vivir.

Índice

Un poco de historia y mi propia historia con Excel 11

Excel: algo más que una hoja de cálculo 15

Básicos de Excel 17

Potencia tu productividad con Excel 22

Lo que las tablas dinámicas pueden hacer por ti .. 49

Pon un gráfico en tu vida 65

Cruzar tablas en Excel 83

Un gran desconocido: el formato condicional 107

Principales funciones 121

¿Te atreves a crear listas de validación dependientes? 136

Un poco de historia y mi propia historia con Excel

Es una de las preguntas que me hago muchas mañanas, y que cada día adquiere más valor.

Para empezar, es la herramienta con la que me gano mi vida, y alrededor de la cual he podido montar mi propia empresa, pero ¿qué hay detrás de Excel? ¿Cuáles son sus orígenes?

Excel, como bien sabes, es una hoja de cálculo, una herramienta que nos permite tratar y gestionar grandes cantidades de datos numéricos y alfanuméricos, gracias a cuyo potencial podemos hacer auténticas maravillas en el tratamiento y análisis de datos, muchas de las cuales la descubrirás en este libro.

Pero Excel no fue la primera herramienta o aplicación como hoja de cálculo que apareció en el mercado.

Desde el año 1972 comenzaron a salir a la luz las primeras versiones de lo que se ideaba como una hoja de cálculo; sus nombres eran Visicalc y el famoso Lotus 1-2-3, que tuvo más recorrido que el anterior.

11

En 1985 nació la primera versión para Macintosh de Microsoft Excel, y dos años después la primera versión para Windows; desde entonces ha sido imparable, hasta tal punto de que no hablamos de hojas de cálculo, sino de Excel.

¿Cuántas veces no has escuchado en tu actividad profesional, sea la que sea —o incluso fuera de ella—, aquello de «tú apuntas los gastos en un Excel y…» o «para controlar eso abres un Excel y…?» Esa es la realidad. El propio nombre de la aplicación de Microsoft se ha impuesto como nombre propio de lo que es una hoja de cálculo, y no hablamos de estas, sino de Excel.

Hoy en día hay otras soluciones en el mercado. Google Sheets, por ejemplo, es una versión muy aceptable, y tiene otras bondades, como estar en la nube. Existen también otros paquetes ofimáticos de menor potencial que pueden cubrir ciertas necesidades básicas, pero que en ningún caso pueden hacer sombra a esta fantástica herramienta que es Excel. Espero que a través de este libro puedas desatar todo su potencial.

He trabajado más de quince años en áreas financieras y contables de diferentes compañías, asesorando en la gestión financiera de otras tantas, y en todas ellas se habla de lo que para mí hoy es un idioma más: se habla «Excel» y se trabaja con Excel.

Podremos tener diferentes aplicaciones contables, financieras o comerciales, pero siempre, y digo SIEMPRE, acabamos recurriendo a Excel, exportando información en ella y trabajando con Excel.

Y el problema es que en la gran mayoría de los casos no tenemos formación específica sobre esta herramienta. Las empresas tienen grandes profesionales financieros, económicos, contables o de cualquier perfil, que son técnicamente muy buenos en sus campos, pero que trabajan con Excel sin saber sacarle todo «su jugo», o sin ni siquiera empezar a exprimirlo.

Y ojo, hablo desde el punto de vista de las finanzas, contabilidades de empresa o de cualquier sector, porque Excel es un lenguaje universal y da igual en qué sector profesional te muevas, porque te va a ser necesario, incluso para tus propias finanzas personales.

El objetivo de este libro no es convertirte en un experto en Excel. No aspiro a ello, entre otras cosas porque yo mismo aprendo cada día de esta fantástica herramienta.

Pero sí que aspiro a descubrirte lo que Excel puede hacer por ti, a dar ese salto cualitativo con lo que trabajas en Excel, que te permita ser más productivo y eficiente con la herramienta.

Esto no son datos oficiales, sino totalmente subjetivos, basados en lo que he visto en muchos años de experiencia: de media sabemos utilizar o sacar provecho únicamente un 5 % de la herramienta.

Sí, sí, como lo oyes: un 5 % (ojo, es una media de uso general). Para que te hagas una idea, el objetivo de este libro no es enseñarte el 100 %, ni el 80 %; mi objetivo es que despeguemos hasta un 20 %, pero que con ese 20 % podamos conseguir el 80 % de los resultados que necesitas.

Vamos a descubrir y pulir los diamantes que tiene Excel, hacerlos fáciles y comprensibles con casos prácticos, para que puedas implementarlos desde el minuto uno, y comprobar tus avances y resultados de forma inmediata.

Suena bien ¿verdad? Pues estaré encantado de que me acompañes en esta aventura.

Excel: algo más que una hoja de cálculo

Sé que cuando digo que todo lo que tenga que ver con una hoja de cálculo me vuelve loco, pueden tacharme de «friki», pero lo asumo y estoy muy satisfecho de ello.

Conocer todo lo que puede hacer esta herramienta por ti, haberlo comprobado en infinidad de ocasiones, asesorando a empresas, transformando la forma de analizar sus datos y cómo gestionarlos, hace que quiera decírtelo a gritos a ti que estas leyendo este libro, y convencerte para que sigas este camino hasta la última hoja. Te aseguro que será casi como recibir superpoderes.

Excel no es solo una herramienta para organizar datos y ordenarlos —que, ojo, desde un punto de vista ya es un logro a tener muy en cuenta—, porque, ¡cuántos desastres de información he visto en Excel con los que no se podía tratar!

Y es que hasta para organizar y ordenar datos existen herramientas, funciones y trucos a tener en cuenta, para poder potenciar esa información. Yo te los voy a descubrir en este libro.

Con Excel vamos a poder tratar y analizar la información, porque la información es poder. No son solo datos que acumular, sino datos que tratar, que interpretar, con los que sacar conclusiones y poder tomar decisiones.

Vamos a trabajar con esta herramienta con la idea de aumentar tu productividad, de cómo hacer las cosas en menor tiempo y, si puede ser, de hacerlas mejor.

Y ligado a la productividad, hablaremos de la automatización de tareas, ya que parte de la productividad es evitar trabajar varias veces para lo mismo. ¡Cuántas veces habrás preparado unos datos para alguien, que a la semana o al mes siguiente has tenido que replicar de nuevo con otros datos, teniendo la posibilidad de poder utilizar herramientas que nos ofrece Excel, como las tablas dinámicas, funciones que nos permiten tener los mismos resultados en cuestión de segundos, hasta el punto de que parezca magia lo que hacemos!

Estas palabras —es decir, hablando de magia— son las idóneas para pasar directamente a la acción, abrir nuestra mente y estar dispuestos a que la magia nos invada, convirtiéndola en resultados con esta maravillosa herramienta. ¡Vamos a por ello!

Básicos de Excel

Como en toda buena relación, las presentaciones son muy importantes. Causar una buena sensación en esa primera impresión es fundamental, por lo que en este capítulo vamos a presentar Excel como se merece.

Vamos a empezar por lo básico, por una primera toma de contacto breve, pero que nos ponga en situación para poder trabajar y sacar todo el potencial de la aplicación.

Sin más, abrimos la aplicación. Al abrir Microsoft Excel nos encontramos en la parte superior con la barra de herramientas o cinta de opciones, tal y como se muestra en la imagen.

En esta cinta de opciones se encuentran todas las herramientas con las que vamos a poder ir trabajando con Excel, organizadas en pestañas para que sea más fácil e intuitivo trabajar con ellas.

Además, esta cinta de opciones se puede personalizar, ya que existen ciertos complementos que no vienen configurados o visibles de forma habitual. A lo largo del libro iremos descubriendo cómo podemos ir incorporando ciertas herramientas o accesos.

Del mismo modo, iremos descubriendo cada pestaña a medida que vayamos trabajando con la aplicación, para que sea totalmente práctico.

En la parte inferior tenemos la zona de acción, donde vamos a trabajar y se va a desarrollar la magia, sin querer ponerme muy romántico.

Como puedes ver en la imagen, tenemos nuestra hoja de cálculo, donde vamos a poder incorporar datos, «jugar» con ellos y conseguir que esta herramienta sea un gran aliado en nuestro trabajo diario.

El área de trabajo esta organizada por columnas, representadas por letras y filas y representadas por números.

Cualquier celda es la intersección entre una columna y una fila, cuyo nombre estará formado por ambos datos en ese orden, es decir por la letra y el número correspondiente.

Además, un libro de Excel está formado por hojas. Por defecto, todo libro nuevo que abramos en la herramienta viene configurado con una hoja, pero podremos ir creando tantas como queramos o necesitemos.

Bien, pues algo tan sencillo como esto es la presentación de la hoja de cálculo de Microsoft. Podríamos detenernos más en ello, pero creo que es mejor que empecemos a establecer una relación más cercana con la herramienta y empecemos a trabajar.

Como puedes ver, si pinchamos en cualquier celda podremos incorporar datos, ya sean numéricos o texto, con los que poder formar conceptos, fechas, bases de datos y realizar cálculos. La magia está por empezar.

Incorporar datos es muy sencillo; según nuestras necesidades iremos incorporando información, pero vamos a ver cómo podemos realizar los primeros cálculos.

Supongamos que tenemos los datos que ves a continuación. Es algo muy sencillo, simplemente unos datos numéricos sin buscarle más lógica:

	A	B	C
1			Suma
2	2	4	
3	5	8	
4	3	7	

En la columna C vamos a realizar nuestra primera operación, simplemente una suma. Ya veremos más adelante cómo insertar funciones, pero es necesario que primeramente asentemos estas bases.

Para ello nos vamos a situar en la celda C2 e insertar el símbolo "=".

Cuando insertamos este símbolo le estamos indicando a Excel que vamos a insertar una operación o una función.

Para resolver nuestra fórmula, simplemente pincharemos con el ratón en la celda A2, insertaremos el símbolo de la operación correspondiente, en este caso un "+", y de nuevo pincharemos en la celda que va a complementar nuestra suma, la celda B2.

La operación quedaría de la siguiente forma:

	A	B	C
1			Suma
2	2	4	=A2+B2
3	5	8	
4	3	7	

Al pulsar la tecla *enter* ya obtendríamos el resultado de esta suma.

Como ves, son un par de pasos muy sencillos, pero que nos va a permitir hacer las primeras operaciones sin ninguna complejidad.

Antes de pasar al siguiente capítulo, donde vamos a conocer unas herramientas que aumentarán tu productividad, vamos a ver cómo guardar el trabajo que vayas realizando en Excel.

Siempre que estés trabajando con un libro, en el que ya tengas datos incorporados, donde hayas realizado alguna operación —en definitiva, que tengas un trabajo realizado—, es muy importante que guardes la información. Para ello, como en muchas aplicaciones, debes pinchar en *archivo*, en la cinta de opciones superior, y seleccionar *guardar cómo* al guardarlo por primera vez, indicándole un nombre y una ruta de archivo donde guardarlo.

Recuerda guardarlo de forma periódica, simplemente pinchando en el icono del disco que tienes en la cinta superior de opciones. 🖫

Potencia tu productividad con Excel

Bueno, hechas las presentaciones oficiales es hora de empezar a descubrir el potencial que Excel tiene para nosotros.

Vamos a ver una serie de herramientas y trucos que aumentarán nuestra productividad y que harán que seamos más eficientes con la aplicación.

Independientemente del nivel que tengas o creas tener con Excel, te aseguro que estas herramientas y trucos te van a sorprender.

Rellenado automático de filas

Empezamos con este truquito sencillo, pero que te va a ahorrar mucho tiempo. Por simple que parezca, muchos usuarios con nivel de la herramienta lo desconocen.

Retomamos un ejemplo muy similar al anterior: tenemos un conjunto de datos de los que queremos hacer una suma en una columna, tomando como referencia los datos de otras columnas.

	A	B	C
2	Rellenado de Filas		
3	5	2	
4	8	6	
5	15	8	
6	2	1	
7	5	15	
8	6	4	
9	15	25	

Para ello, en la columna C, en la celda C3, inserto —como he hecho anteriormente— la siguiente operación: $=A3+B3$.

Una suma muy sencilla que quedaría de la siguiente forma:

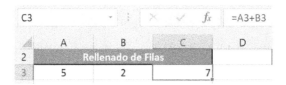

| C3 | | | | f_x | =A3+B3 |

	A	B	C	D
2	Rellenado de Filas			
3	5	2	7	

Como ves, aquí tenemos la información del resultado de la operación —en este caso 7—, y arriba las celdas se ven implicadas en la suma; en este caso se trata de la celda A3 y de la celda B3. Es una información muy interesante, que nos será de ayuda para funciones más avanzadas.

Bien, aquí viene el truco: si queremos replicar esta operación en el resto de las celdas de la columna C, hay diferentes opciones, pero te voy a dejar con mis dos favoritas.

La primera es situarte en la celda de la operación, en este caso la celda C3, y posicionar el cursor en la esquina inferior derecha de la celda, donde ves un pequeño cuadradito verde. ⌷_____7⌷

En esta posición el cursor del ratón pasa de ser una cruz blanca a una cruz negra, y es ahora cuando podemos pinchar y arrastrar hacia abajo la selección, para poder replicar la función.

Al soltar comprobarás que se rellenan de forma automática las celdas con la suma, sumando además las celdas que le corresponden. Más adelante veremos esto de las referencias, que tiene un poco de miga…

La segunda opción es aún mas sencilla y a mí me gusta más, sobre todo cuando tenemos que rellenar un gran volumen de celdas; porque seguro que manejas hojas o manejarás grandes cantidades de información.

Volvemos al paso anterior, donde solo teníamos la suma en la celda C3. Al tenerla seleccionada, nos situamos con el cursor en la esquina inferior derecha.

	A	B	C
2	Rellenado de Filas		
3	5	2	7
4	8	6	14
5	15	8	23
6	2	1	3
7	5	15	20
8	6	4	10
9	15	25	40

Cuando nuestro puntero del ratón cambie a una cruz negra, hacemos un doble *clic* y casi por arte de magia se habrán rellenado todas nuestras celdas con la operación correspondiente.

No sé si lo notarás, pero empiezas a tener superpoderes en Excel.

Cómo quitar duplicados rápidamente

Seguro que te has visto en la situación en la que tienes una base de datos que, bien porque se ha introducido manualmente —situación en la que siempre existe posibilidad de error—, bien porque has podido exportarla desde alguna otra aplicación, tiene valores duplicados que impiden que puedas trabajar con normalidad, teniendo que dedicarle tu valioso tiempo a «limpiar» o depurar el informe, eliminando los registros duplicados que encuentras, con la posibilidad de error que implica o que dejes alguno sin darte cuenta.

Vamos a ver cómo resolverlo de forma muy sencilla en un par de *clics*. Imaginemos que tienes una serie de datos como los que muestro a continuación:

Quitar Duplicados
35
27
35
2
5
27
35

De un simple vistazo vemos que tenemos datos duplicados.

Para quitarlos rápidamente vamos a seleccionar el rango de estos datos y nos vamos a ir a la pestaña *datos > quitar valores duplicados*, que es el icono que te muestro a continuación:

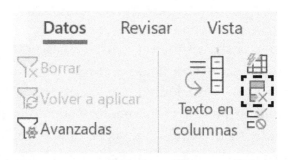

Al pincharle nos preguntará si queremos aumentar la selección o continuar con la selección actual. En nuestro caso seguimos con la selección actual, ya que nos hemos asegurado de que son de estos datos los duplicados que queremos eliminar.

Al darle a quitar duplicados, nos mostrará la siguiente pantalla:

Simplemente nos informa de que nos va a eliminar los duplicados de la columna seleccionada; tan sencillo como darle a *aceptar*, y tendremos los resultados.

Microsoft Excel ✕

i 3 valores duplicados encontrados y quitados; 4 valores únicos permanecen.

Aceptar

Como veis, nos identifica los valores duplicados de forma automática y nos indica los valores únicos que permanecen.

Quitar Duplicados
35
27
2
5

Una herramienta super útil y muy sencilla para ahorrarnos trabajo manual innecesario.

Texto en columnas

En alguna ocasión habrás necesitado separar el contenido de una columna en varias; si hasta ahora no ha sido así, créeme que alguna vez lo necesitarás.

Imagina que tenemos una columna con el nombre y apellidos de unas personas, y necesitamos, por el motivo que sea, poder separar de forma automática el nombre en una columna y el apellido en otra.

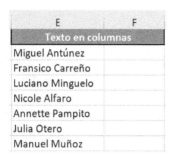

Para poder resolver este problema necesitamos hacer uso de la herramienta llamada *texto en columnas*, que encontraremos dentro de la pestaña *dato*. Previamente habremos seleccionado el rango de datos que figura en la imagen de arriba.

Ahora nos aparece el siguiente asistente, que como ves nos permite separar el texto por dos opciones: delimitados o de ancho fijo.

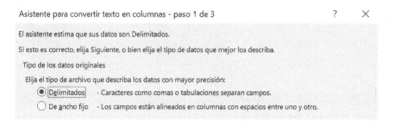

Por el momento vamos a seguir con la opción que nos aparece marcado por defecto, y que es *delimitados*.

En la siguiente pantalla simplemente deberemos incorporarle qué conector o carácter queremos indicar, para que nos tenga en cuenta como una división o separación de los datos en diferentes columnas.

En este caso, al ser un nombre y un apellido, podemos indicarle *un espacio* como carácter separatorio.

Simplemente, al pincharlo veremos el efecto inmediato en la simulación de la parte inferior de la ventana emergente.

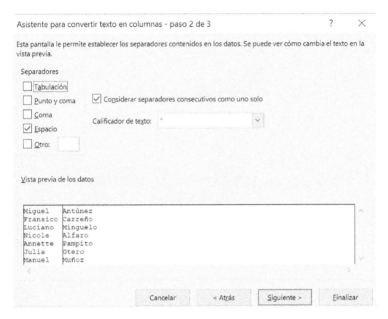

Si estamos conformes con ello, simplemente con aceptar tendremos el trabajo hecho, como puedes ver en la siguiente imagen.

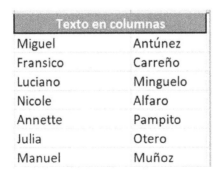

Además de esta opción de *delimitados*, si el campo a separar en columnas tiene el mismo formato en volumen, es decir, el mismo número de caracteres, nosotros podemos separarlo también por el ancho que necesitemos.

Lo vemos con este ejemplo: tengo un listado de matrículas de coche, formadas por cuatro dígitos y tres letras, y quiero separar los dígitos en una columna y las letras en otra.

Cómo crear una lista de validación de datos

Esta herramienta es fantástica. La uso casi a diario, y seguro que desde que la descubras tú también lo harás.

Seguro que te has encontrado en algún momento que al pinchar en una celda de un informe o fichero que te hayan enviado aparece una flechita, y cuando la pulsas se abre un desplegable con una serie de opciones a escoger.

Bien, pues eso es una lista de validación de datos.

Nos va a ser muy útil para ganar tiempo a la hora de completar un formulario o un informe con una serie de campos, y además si este informe lo vamos a trabajar con más personas, nos va a ayudar a que sea homogéneo y no tenga conceptos diferentes que posteriormente tengamos que depurar.

Para ello tenemos este pequeño ejemplo: cuento con una columna donde tengo que meter la familia de productos, y en otra columna los productos.

Nos vamos a situar seleccionando el primer rango de celdas en blanco de la columna de familia.

Una vez lo tengamos nos vamos a ir a la pestaña datos > crear lista de validación de datos, que está representado por este botón: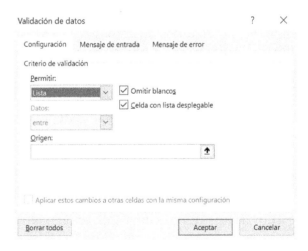

En el asistente que nos aparece, vamos a seleccionar el combo donde indica permitir. Nos aparece cualquier valor y vamos a seleccionar lista.

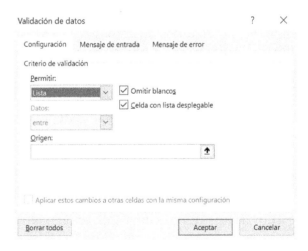

Al hacerlo se nos despliega abajo otro combo donde indica origen. Aquí tenemos dos opciones: la primera es escribir manualmente separados por ";" los conceptos que formen el campo familia. En este caso pueden ser: alimentación, textil e informática.

Al darle aceptar, volvemos a nuestro informe y parece que no ha pasado nada, pero si pincho encima de cualquier celda que hubiera seleccionado anteriormente, me aparece este desplegable:

Como ves, ahora puedo seleccionar automáticamente cualquiera de las opciones que he indicado, permitiendo meter el dato más rápidamente y además limitando a que solo sea uno de estos datos el que se introduzca en la celda.

Para entender la otra forma u opción de poder crear listas de validación de datos, supongamos que queremos hacer lo mismo, pero en la columna de producto, teniendo en cuenta que en esta columna, al ser mas genérica, vamos a tener más cantidad de datos.

Bien; para ello deberemos disponer de los datos escritos, es decir el listado de productos predefinidos, bien porque los tengamos descargados de una aplicación o porque los hubiéramos alimentado anteriormente de forma manual.

Si es así, los situaríamos en la misma hoja, por ejemplo en la columna D, como muestra la imagen:

Con ello nos iríamos a los mismos pasos que anteriormente. Seleccionaríamos la pestaña datos > crear lista de validación de datos; en el asistente que nos salta en pantalla elegiríamos del desplegable permitir lista, y es aquí donde, en el combo donde antes escribíamos nuestros datos separados por ";", pincharíamos en la flecha que aparece al final para poder seleccionar nuestros datos, es decir donde los tenemos escritos en la hoja. Os lo muestro en un par de imágenes, para que sea más sencillo.

Al aceptar, como puedes ver, ya tenemos nuestra lista desplegable en la columna de producto.

Es una herramienta muy interesante que va a ayudar a que tengas tus datos homogeneizados, sin tener que perder tiempo en depurarlos o corregirlos, y además te va a ser muy útil para ganar tiempo a la hora de introducir los datos, así que no la pierdas de vista.

Cómo crear agrupaciones

Seguro que en más de una ocasión has trabajado con ficheros que tenían un volumen muy grande de columnas o filas, y al moverte por la hoja, simplemente desplazándote hacia la derecha o abajo, has perdido referencia de unos datos.

Por ejemplo, supongamos que tenemos estos datos, que como ves muestran de forma genérica a lo largo de los meses (te muestro uno) las ventas que han producido unos clientes durante varios años.

Cliente	Enero	Febrero	Marzo	Abril	Mayo	Junio	Julio	Agosto	Septiembre	Octubre	Noviembre	Diciembre	Total 2017
Cliente 1	100	350	200	100	200	500	50	125	100	100	150	200	2.175
Cliente 2	25	100	350	25	200	100	75	200	25	25	200	350	1.675
Cliente 3	50	25	300	50	350	50	200	350	50	50	350	300	2.125
Cliente 4	75	50	250	75	300	75	350	300	75	75	300	250	2.175
Cliente 5	200	75	250	200	250	50	300	250	350	500	250	75	2.750
Cliente 6	350	100	100	350	100	75	250	300	300	200	100	125	2.350
Cliente 7	300	25	25	300	25	350	100	100	100	350	25	100	1.800
Cliente 8	250	50	50	250	50	300	25	25	25	300	50	25	1.400
Cliente 9	15	75	75	200	75	250	50	50	50	250	75	50	1.215
Cliente 10	75	100	125	100	100	125	75	75	75	150	25	75	1.100
Cliente	Enero	Febrero	Marzo	Abril	Mayo	Junio	Julio	Agosto	Septiembre	Octubre	Noviembre	Diciembre	Total 2017

Si yo quisiera desplazarme a la derecha para ver los datos de otro año que tengo metidos, perdería referencia de estos datos, y en ocasiones quizá solo quieras ver un mes específico.

Bien, para resolver todo esto y trabajar «cómodo», como yo digo, seleccionamos las columnas que no queremos ver en un primer momento. Por ejemplo, solo quiero ver los totales, ya que son de años anteriores. Por lo tanto, seleccionaría desde la columna B hasta la columna M. Para ello recuerda que debes pinchar sobre las letras de las columnas:

Crear Agrupaciones													
Cliente	Enero	Febrero	Marzo	Abril	Mayo	Junio	Julio	Agosto	Septiembre	Octubre	Noviembre	Diciembre	Total 2017
Cliente 1	100	350	200	100	200	500	50	125	100	100	150	200	2.175
Cliente 2	25	100	350	25	200	100	75	200	25	25	200	350	1.675
Cliente 3	50	25	300	50	350	50	200	350	50	50	350	300	2.125
Cliente 4	75	50	250	75	300	75	350	300	75	75	300	250	2.175
Cliente 5	200	75	250	200	250	50	300	250	350	500	250	75	2.750
Cliente 6	350	100	100	350	100	75	250	300	300	200	100	125	2.350
Cliente 7	300	25	25	300	25	350	100	100	100	350	25	100	1.800
Cliente 8	250	50	50	250	50	300	25	25	25	300	50	25	1.400
Cliente 9	15	75	75	200	75	250	50	50	50	250	75	50	1.215
Cliente 10	75	100	125	100	100	125	75	75	75	150	25	75	1.100
Cliente	Enero	Febrero	Marzo	Abril	Mayo	Junio	Julio	Agosto	Septiembre	Octubre	Noviembre	Diciembre	Total 2017

Y ahora nos iríamos a datos > esquema, y en el desplegable que nos ofrece, seleccionaríamos agrupar > agrupar.

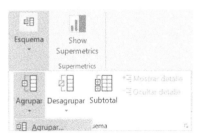

Como puedes ver, parece que no ha tenido ningún resultado sobre nuestra hoja Excel, pero si te fijas, encima de las columnas nos ha aparecido una línea fina, terminando en un – o + —que cambiará si pinchamos en él—, y una visión de esquema representado con un 1 y un 2.

Es tan sencillo como pinchar en el –, y comprobar que se produce una especie de «efecto acordeón». Se ocultan los datos que no necesitas en ese momento, pero vuelven a aparecer rápidamente si despliegas los datos pinchando en el +.

Crear Agrupaciones	
Cliente	Total 2017
Cliente 1	2.175
Cliente 2	1.675
Cliente 3	2.125
Cliente 4	2.175
Cliente 5	2.750
Cliente 6	2.350
Cliente 7	1.800
Cliente 8	1.400
Cliente 9	1.215
Cliente 10	1.100
Cliente	Total 2017

Como puedes ver, una herramienta muy útil que te ayudará a no tener información visible que no necesitas cuando trabajes con grandes cantidades de datos.

Cómo insertar filas

Este pequeño truco es muy sencillo, pero de gran utilidad. Supongamos que tenemos una base de datos como la que tenemos en la imagen, simplemente una lista con datos cualquiera.

A	B	C	D
INSERTAR FILAS			
Nombre	Apellidos	DNI	Estado Civil
Miguel	Martín Ugarte	78456321r	Casado
Francisco	Pérez Pérez	74653258s	Soltero
Lidia	Sosa Acústica	12456387f	Soltero
Valeria	Martín Narvaez	65412398t	Casado
Lucas	Grijander Jarllll	45658789s	Casado
Manuel	Pérez Ocaso	45369785p	Soltero
Nicole	Antúnez Gil	78478965v	Casado

Sobre ella necesitas insertar una fila entre los nombres de Francisco y Lidia.

Esta parte, a poco que te manejes con la herramienta, la verás fácil y dirás: «Esta me la sé yo; selecciono la fila 6, y con el botón derecho pincho en insertar».

¡Bravo! Es sencillo, pero me alegra saber que esto lo tienes controlado.

Ahora lo vamos a complicar un pelín, y es donde viene el secreto o donde a veces tenemos miedos innecesarios.

Si yo te dijera ahora que un poco mas abajo, entre Valeria y Lucas, necesitara insertar cinco filas, ¿cómo lo harías? La respuesta fácil puede ser: «Pues lo mismo que lo anterior, pero cinco veces». ¿Verdad?

Es una solución, pero has comprado este libro para ser más productivo, ¿no es así?

Para ello vamos a seleccionar desde donde está Lucas, cinco filas hacia abajo, quedando la selección de la siguiente forma:

	Nombre	Apellidos	DNI	Estado Civil
	INSERTAR FILAS			
	Nombre	Apellidos	DNI	Estado Civil
	Miguel	Martín Ugarte	78456321r	Casado
	Francisco	Pérez Pérez	74653258s	Soltero
	Lidia	Sosa Acústica	12456387f	Soltero
	Valeria	Martín Narvaez	65412398t	Casado
	Lucas	Grijander Jarllll	45658789s	Casado
	Manuel	Pérez Ocaso	45369785p	Soltero
	Nicole	Antúnez Gil	78478965v	Casado

Si yo vuelvo a mi botón derecho y pincho sobre insertar filas, como veis me inserta las filas de golpe, sin necesidad de hacerlo individualmente.

No lo hacemos así por defecto, porque pensamos que, al seleccionar datos e insertar filas, estos van a desaparecer, y no es así. Como ves, los datos se desplazan hacia abajo, dejando en este caso las cinco filas entre medias.

Usar la cámara en Excel

Seguimos avanzando, y espero que ya estés notando como un hormigueo por el cuerpo. ¡Son los nuevos superpoderes que estás adquiriendo con Excel!

Vamos ahora con una herramienta de mis favoritas y que poquísima gente utiliza: la cámara en Excel.

Porque sí, Excel trae una cámara de fotos. El problema es que no viene configurada por defecto.

Antes de nada, vamos a configurarla. Para ello nos vamos a ir a nuestra barra superior, donde tenemos esta flechita al final del todo:

Al pincharlo, seleccionaremos más comandos, y nos aparecerá este asistente:

En el desplegable de arriba del todo, donde indica comandos disponibles en, lo abriremos y seleccionaremos todos los comandos. Y tan sencillo como buscar ahora en la columna inferior la cámara y pasarla, o agregarla a la columna de la derecha.

Una vez lo tengas, en la misma barra superior te aparecerá este icono. 📷

Sí, ya tienes una cámara de fotos en Excel.

Ahora nos queda ver para qué es útil, ¿verdad?

Bueno, pues seguro que también te has visto en alguna de estas situaciones: tienes una tablita en Excel, con la que llevas trabajando horas para ponerla bonita. Y no solo en los datos, sino también en el formato, ya sea porque tienes que meterla en una presentación de Power Point, o porque se la tienes que enviar por correo electrónico a alguien importante y quieres que luzca bien.

¿Cuál es el problema? Que si seleccionas los datos en Excel y simplemente copias y pegas, da igual qué aplicación de presentaciones sea o qué gestor de correo: te va a cambiar el formato, van a desaparecer los colores, el tamaño no se va a modificar, etc. En resumen, un desastre. Mira, para que lo compruebes con un ejemplo: si yo quiero copiar esta tabla a un Power Point, sucede esto:

Oficina	Ventas 2017	Ventas 2018
Madrid	200.000	250.000
Valencia	150.000	325.000
Barcelona	175.000	125.000
Gran Canaria	250.000	325.000
Vigo	225.000	350.000
Salamanca	30.000	100.000
Fuerteventura	500.000	450.000
Total	1.530.000	1.925.000

La he copiado dos veces, una de ellas cambiándola de tamaño, y como ves solo se cambia la cuadrícula; el texto es igual, y el formato no tiene nada que ver.

Bueno, pues para ello algo tan simple como seleccionar la tabla que queremos copiar, y pinchar sobre nuestro icono de la cámara fotográfica.

Con ello lo que hemos hecho es hacerles una foto a nuestros datos, y si pinchamos de nuevo en otro punto de la hoja activa, nos aparecerán los datos, pero como una imagen. Así de sencillo:

	Usar la Cámara en Excel						
Oficina	Ventas 2017	Ventas 2018		Oficina	Ventas 2017	Ventas 2018
Madrid	200.000	250.000		Madrid	200.000	250.000
Valencia	150.000	325.000		Valencia	150.000	325.000
Barcelona	175.000	125.000		Barcelona	175.000	125.000
Gran Canaria	250.000	325.000		Gran Canaria	250.000	325.000
Vigo	225.000	350.000		Vigo	225.000	350.000
Salamanca	30.000	100.000		Salamanca	30.000	100.000
Fuerteventura	500.000	450.000		Fuerteventura	500.000	450.000
Total	1.530.000	1.925.000		Total	1.530.000	1.925.000

Ahora esta imagen podemos copiarla con total garantía a donde necesitemos, porque se mantendrá el formato, y si queremos hacerlo más grande todo cambiará de tamaño.

Estoy seguro de que ahora, en este punto, vas a parar el libro unos momentos para configurarte la cámara. ¿A qué sí?

Rastrear precedentes

Esta herramienta, de un nombre tan raro —porque la verdad es que esto de rastrear precedentes no suena muy bien—, nos va a ser muy útil para cuando tengamos alguna fórmula con algún error, y no sepamos su origen.

👁 ¡OJO!

No nos lo va a solucionar, pero sí nos va a afinar el tiro, es decir, nos va a indicar de qué celda o dónde está el origen del error.

Para ello supongamos que tenemos este caso:

	Nombre	DNI	Salario
10			
11	Miguel	78456987N	20.000
12	Francisco	75412368P	30.000
13	Lidia	76854789D	15.000
14	Enrique	70524361P	25.000
15	Jose	70456123R	#N/A
16			
17		Resultado	#N/A

Tenemos una seria de personas con el salario que tienen, y queremos ver el resultado de todos. Como vemos, tenemos un error.

Si nos situamos sobre la celda del error en resultado, y pinchamos en la pestaña fórmulas, tendremos la primera opción de rastrear 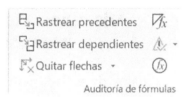 precedentes, que nos va a identificar en una flecha roja dónde está el error.

Como puedes ver, nos señala con flechas azules todas las celdas que hacen referencia a esta fórmula, y en rojo la que está ocasionando el problema.

Nos va a ser muy útil, sobre todo cuando tengamos alguna formula compleja que a lo mejor no has creado tu mismo, sino que te viene dada en una hoja, pero que por el motivo que sea te está dando problemas y no sabes de dónde viene.

10	Nombre	DNI	Salario
11	Miguel	78456987N	20.000
12	Francisco	75412368P	30.000
13	Lidia	76854789D	15.000
14	Enrique	70524361P	25.000
15	Jose	70456123R	#N/A
16			
17		Resultado	#N/A

Para quitar las flechas, tan sencillo como pinchar en quitar flechas, dos botones más abajo, donde hemos indicado que nos rastreará precedentes.

Mis cinco atajos de teclado imprescindibles

Los atajos de teclado son imprescindibles en cualquier aplicación. Nos van a ayudar a ganar tiempo, a ser más productivos en tareas repetitivas que, por el simple hecho de coger el ratón, nos hacen perder mucho tiempo, sin que seamos conscientes de ello.

Para mí esto en Excel se multiplica exponencialmente, porque son muchos los intercambios que tenemos entre el ratón y el teclado a la hora de introducir datos y llevar a cabo acciones con ellos.

Al igual que la gran mayoría de la población que trabaja con un ordenador —da igual con qué aplicación—, tiene interiorizado el uso del control + C y control + V para el famoso copiar y pegar, yo te voy a contar cuales son mis atajos de teclado imprescindibles en Excel.

Te los traigo aquí para que tú puedas hacer uso de ellos también, y si alguno no te interesa, simplemente deséchalo. Existen otros atajos que puedes ver desde la ayuda de Excel y que pueden hacerte ganar mucho tiempo.

¿Vamos a por estos atajos?

◢	A	B	C	D	E
1					
2	F2		5	10	50
4	F11		Ene	Feb	Mar
5			20	30	50
7	Ctrl + P			Imprimir	
9	Ctrl + G			Guardar el Documento	
11	Ctrl + Mayus + 1		1000	500000	84026

— **F2**: Esta primera tecla, tan sencilla como un F2, nos va a ser muy útil para identificar qué celdas están participando en una función o fórmula.

Como veis, yo tengo una suma de dos celdas, y si me sitúo sobre la celda de la suma y pulso un F2, se me habilitan unos «cajetines» de colores donde se indican qué celdas están incluidas dentro de la suma.

45

| 2 | F2 | | 5 | 10 | =C2*D2 |

— **F11**: Para mí, la tecla F11 tiene también superpoderes, ya que aunque veremos más adelante un capítulo dedicado a los gráficos, si tienes cualquier dato que sea posible representar en un gráfico, no es necesario que seas un maestro en el arte de los gráficos ni tengas un máster en ellos.

Simplemente situándote sobre los datos y pulsando un F11, esto te habilitará una hoja nueva con el gráfico que representa los datos anteriores.

Ya veremos cómo cambiar el formato y más cosas sobre el gráfico, pero de momento, sin necesidad de saber nada más, solo con una tecla tienes un gráfico a tu disposición.

| 4 | F11 | | Ene | Feb | Mar |
| 5 | | | 20 | 30 | 50 |

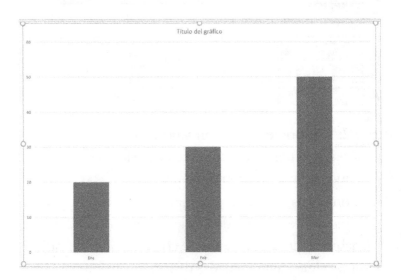

— **Control + P:** Con este atajo de teclado vamos a acceder inmediatamente al área de impresión, sin hacer ningún clic más con el ratón, ni dar más pasos intermedios, por lo que estando en cualquier hoja de datos que quieras imprimir, simplemente pulsando simultáneamente control + P pasaremos al área de impresión.

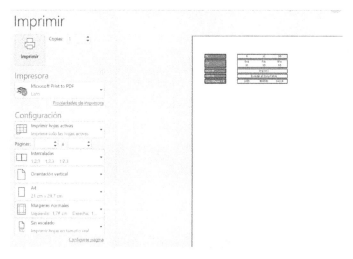

— **Control + G:** Un clásico en la productividad, pero aun siendo tan accesible, ¿cuántas veces has perdido un trabajo realizado en Excel porque resulta que ha saltado un error que se sale de la aplicación, se te ha quedado el ordenador sin batería o alguna situación similar que hace que, como no habías guardado tu fichero, hayas perdido el trabajo? Gritar, tirarte de los pelos y maldecir a todo lo que rodea tu ordenador no hace que se solucione, y tienes que volver a empezar.

Bien, aunque ya muchas aplicaciones cada día ponen más accesibles el poder guardar la información, y Excel tiene un icono en la barra superior para guardar tus avances, en muchas ocasiones no lo hacemos, y por ello te sugiero que interiorices el atajo de teclado de control + G, con el que vas a guardar tu documento sin tener que coger el ratón y pinchar en ningún sitio. Créeme, me lo agradecerás.

— **Control + mayúsculas + 1**: Este atajo quizás es solo apto para «frikis», pero si trabajas con números —al fin y al cabo, Excel es una hoja de cálculo—, créeme que te será de gran utilidad.

En muchas ocasiones nos liamos metiendo datos a nuestra aplicación, o al descargarnos más y más datos no les damos formato, y llegamos a una situación tan sencilla como esta: tenemos números sin saber si son miles, cientos o millones.

11 Ctrl + Mayus + 1		1000	500000	84026

Bien, pues para solucionarlo algo tan sencillo como seleccionar los datos que queremos cambiar el formato y pulsar simultáneamente control + mayúsculas + 1. Como veis, automáticamente el formato pasa a ser de miles, dentro de nuestra selección, y con dos decimales, pudiendo identificar perfectamente los números.

Para mí es un atajo de teclado fundamental, que utilizo cada día, así que espero que te sea de gran ayuda.

11 Ctrl + Mayus + 1		1.000,00	500.000,00	84.026,00

Lo que las tablas dinámicas pueden hacer por ti

Bueno, pues vamos entrando ya en un capítulo con palabras mayores, de la mano de una herramienta muy seria como son las tablas dinámicas —aunque, ojo, no por ello nos vamos a poner serios—.

Espero —como te decía antes—, que ya estés notando esos superpoderes, y que hayas descubierto algún truco o herramienta que te haya hecho hablar en alto y decir: «¿Pero cómo es posible? ¡Qué tiempo he perdido haciéndolo de otra forma!».

Si es así prepárate, porque con las tablas dinámicas vas a hacer auténticas locuras.

Antes de meternos con ellas, déjame decirte que para mí, las tablas dinámicas, junto con saber cruzar datos en Excel (lo veremos mas adelante), son las dos herramientas que marcarán un antes y un después en tu uso potencial y conocimiento de la herramienta, todo un punto de inflexión.

Dicho lo cual, ¿qué son las tablas dinámicas? Pues bien, las tablas dinámicas son una herramienta que nos va a permitir organizar, resumir y analizar grandes cantidades de información de forma muy sencilla y muy dinámica, pudiendo cambiar los criterios en cuestión de segundos y viendo la información desde diferentes puntos de vista a golpe de ratón. Pero sobre todo, si no te has manejando con ella hasta ahora, vas a ver cómo vamos a poder tratar grandes cantidades de información de forma muy sencilla.

Y ponemos un ejemplo para ponernos en situación. Imagínate que tenemos una base de datos como esta:

	A	B	C	D	E	F
1	Meses	Producto	Provincia	Tienda	Departamento	Ventas
2	ene-16	Camiseta Deporte Roja	Madrid	Tienda 1	Textil	1.342
3	feb-16	Camiseta Deporte Naranja	Madrid	Tienda 1	Textil	3.903
4	mar-16	Camisesta Deporte verde	Madrid	Tienda 1	Textil	1.518
5	abr-16	Pantalón Vaquero	Madrid	Tienda 5	Textil	3.639
6	may-16	Pantalón Vestir	Madrid	Tienda 5	Textil	7.884
7	jun-16	Televisión 40"	Madrid	Tienda 5	Electrodoméstico	6.240
8	jul-16	Televisión 49"	Madrid	Tienda 3	Electrodoméstico	8.760
9	ago-16	Televisión 52"	Madrid	Tienda 3	Electrodoméstico	6.320
10	ene-16	Portátil Elite	Madrid	Tienda 3	Informática	9.613
11	feb-16	Portátil Basico	Madrid	Tienda 5	Informática	4.994
12	mar-16	Bicicleta Carrera	Madrid	Tienda 5	Deporte	6.219
13	abr-16	Bicicleta Montaña	Madrid	Tienda 5	Deporte	5.533
14	may-16	Raqueta Tenis	Madrid	Tienda 5	Deporte	5.869
15	jun-16	Raqueta Squash	Madrid	Tienda 5	Deporte	8.960
16	jul-16	Jamón Iberico	Madrid	Tienda 2	Alimentación	6.955
17	ago-16	Jamón Bellota	Madrid	Tienda 2	Alimentación	2.035
18	ene-16	Vino Tinto Gran Reserva	Madrid	Tienda 2	Bebida	5.352
19	feb-16	Vino Tinto Crianza	Barcelona	Tienda 2	Bebida	2.248
20	mar-16	Vino Blanco Seco	Barcelona	Tienda 5	Bebida	2.192

Solo os recorto unas filas de la misma, pero como podéis ver es una tabla sencilla: tenemos seis columnas y aproximadamente unas ciento treinta filas.

La tabla es sencilla, como digo, porque tenemos poquitas columnas. Como ves, manejamos campos de meses, productos, provincia, tienda, departamento y ventas como si de un centro comercial se tratase y estos fueran nuestros datos, que debemos organizar y analizar.

Si tuvierais esta tabla entre vuestras manos y resulta que os pidiera que me dierais un informe de las ventas por provincia, ¿cómo os quedaríais? Venga, pensadlo tranquilamente, mirad esta tabla y pensad, teniendo en cuenta que tengo varias provincias lógicamente.

Tic tac tic tac... Os dejo unos segundos.

Alguno habréis pensado que es imposible, o el trabajo que os supondría, pensando casi en coger un papel y empezar a anotar las provincias y sumando las ventas con una calculadora (ojo, no es una exageración: son respuestas que me han dado algunos alumnos, antes de conocer las tablas dinámicas).

Alguien que maneje alguna otra herramienta habrá podido pensar que haciendo unos filtros sobre la tabla de datos lo podemos conseguir, ¿verdad? Y sí, es posible; es una opción mejor que la anterior lógicamente, pero, ¿a qué precio?

Porque imaginaos teniendo que ir filtrando provincia por provincia, haciendo un sumatorio de todas las ventas de cada provincia e irlo copiando o anotando en otra celda u otra hoja.

Vamos, que unas horas nos iba a llevar.

Y para colmo de todo, cuando lo tenéis y lo mandáis a vuestro jefe o a quien lo haya pedido, resulta que os llama y dice: «¡Ay, perdonad, que lo quería por provincia y por meses!». Seguramente terminaréis muy amablemente la conversación con él y vendrán de nuevo los gritos, los golpes y las maldiciones, porque (¡madre mía!) otra vez empezar de cero, más trabajo, porque ahora conlleva filtrar más, o a lo mejor ni sabéis como afrontarlo.

Bueno, toda esta novela anterior viene simplemente para que os pongáis en la situación de que tratar cualquier base de datos que tenga un volumen considerable (ojo, este ejemplo que vamos a tratar es una base de datos muy pequeña; seguro que tú manejas bases de datos con más información, tanto a nivel de columnas como filas) parece muy complejo si no sabemos utilizar las tablas dinámicas, ya que hacer cualquier análisis o simplemente resumir la información nos va a llevar mucho tiempo.

Con las tablas dinámicas vamos a poder hacer cualquier tipo de análisis o de resumen como los anteriores en cuestión de segundos. Sí, sí, como lo oyes: cuestión de segundos. ¿No me crees? Vamos a por ello, pasito a pasito, como dice la canción.

Lo primero que vamos a hacer es situarnos sobre la tabla de datos; da igual donde, simplemente que la celda activa esté en una celda de la tabla.

Con ello nos iremos a la pestaña insertar > tabla dinámica.

Según pulsemos en este botón nos aparecerá este asistente:

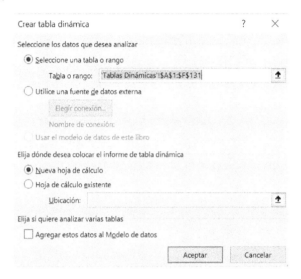

Aquí nos aparecen dos preguntas básicas para iniciar la creación de la tabla dinámica. La gran mayoría de ocasiones pincharemos automáticamente en aceptar, pero vamos a ver qué dos acciones podemos hacer en este asistente.

La parte superior nos indica los datos que queremos analizar, es decir, el rango de datos de la tabla con la que queremos hacer la tabla dinámica.

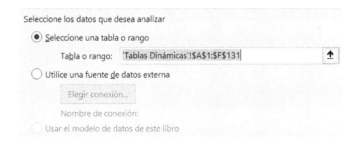

Como nos hemos situado en una celda activa, nos ha cogido todo el rango, por lo que no nos tenemos que preocupar de ello salvo casos específicos en que queramos ampliarlo o no necesitemos toda la tabla. Pero créeme que casi en el 100 % de las tablas dinámicas normales que puedas crear no tendrás que modificarlo.

La segunda parte tiene algo mas interés. Como ves, nos va a preguntar sobre dónde queremos inserta la tabla dinámica, en qué lugar de nuestro libro Excel.

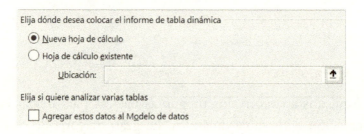

Por defecto siempre nos va a aparecer para insertar la tabla dinámica en una hoja nueva de cálculo. Es decir, nos habilitará una nueva hoja donde crearla.

En el caso que ya tengamos una tabla dinámica creada y queramos crear una nueva en esa misma hoja, seleccionaremos la segunda opción, donde nos habla de hoja de cálculo existente. Solo tendremos que indicarle la ubicación, pinchando primero en la flechita del final del combo y moviéndonos por nuestro libro Excel hasta posicionarnos en una celda donde queramos que se inserte, a partir de ella, la tabla dinámica.

Al darle a aceptar, en la situación normal, de origen, nos creará una hoja nueva donde tendremos esta imagen, que nos aparece a la derecha de nuestra hoja de cálculo:

Este será el asistente con el que podremos trabajar nuestra tabla dinámica, y será el borrador de cualquier tabla. Cambian únicamente los conceptos que se muestran arriba y que te explico a continuación.

Para empezar, arriba nos muestran los diferentes conceptos que tenemos para poder trabajar, que no dejan de ser otra cosa que la cabecera de nuestra tabla de datos. Como ves, tenemos meses, producto, provincia, tienda, departamento y ventas.

Abajo aparecen los campos en los que vamos a poder ir arrastrando e incorporando a nuestra tabla dinámica filas, columnas, el campo de valores y un filtro que nos va a dar mucho juego. Todo lo que arrastremos y posicionemos sobre este asistente tendrá reflejo sobre nuestra hoja de cálculo.

Vamos a por ello. Como antes comentábamos, necesitamos un informe para saber por provincias las ventas totales de cada una de ellas, algo que preveíamos complicado y que nos iba a llevar mucho tiempo.

Para ello, con este asistente en pantalla, simplemente arrastrando el campo provincia al campo de fila y las ventas al campo de valores, tendríamos el siguiente efecto:

Etiquetas de fila ▾	Suma de Ventas
Barcelona	78179
Las palmas	95921
Lugo	133120
Madrid	95136
Salamanca	86655
Segovia	119759
Sevilla	82265
Total general	**691035**

Ya tenemos nuestro informe. Sí, así como lo oyes y así de rápido. Lo que antes nos hubiera llevado horas hacer —y alguna desesperación— lo hemos conseguido en cuestión de segundos.

Pero espera, espera, que aquí no acaba la cosa.

Imaginaos la situación que también comentábamos anteriormente: resulta que una vez que hemos realizado nuestro informe, lo enviamos y nos piden hacer modificaciones. No les vale solo con esta información, sino que ahora quieren saber también, de forma muy resumida, no solo las ventas por provincia, sino las tiendas que hay en cada provincia.

No hay problema, no nos desesperemos. Tan sencillo como ir de nuevo a nuestra tabla dinámica, y en este caso coger el campo de tienda que nos han pedido, para después bajarlo hasta el campo *columna*, quedando el asistente de esta forma:

Y el resultado sería esta tabla dinámica:

Suma de Ventas	Etiquetas de columna						
Etiquetas de fila	Tienda 1	Tienda 2	Tienda 3	Tienda 4	Tienda 5	Tienda 6	Total general
Barcelona	24900	2248	14411		2192	34428	78179
Las palmas	13988	21694	8982	30739		20518	95921
Lugo	54904		33249		14106	30861	133120
Madrid	6763	14342	24693		49338		95138
Salamanca	31011	14747	27444	13453			86655
Segovia	2454	31002		35897	50406		119759
Sevilla	24197			36363		21705	82265
Total general	158217	84033	108779	116452	116042	107512	691035

Como ves, hemos conseguido nuestro objetivo en medio segundo y con dos clics.

Lo vemos así de sencillo y con un ejemplo práctico, para que veas lo fáciles e intuitivas que son las tablas dinámicas. Pero esto solo es el principio de los principios: vamos a ir desarrollándolo un poco.

Como puedes ver, una de las razones por las que es dinámica es porque nos permite jugar con la información, para poder mostrarla desde diferentes puntos de vista, y además poder resumirla muy fácilmente, algo que sin las tablas dinámicas nos supondría un auténtico caos.

Mi recomendación es que siempre, sobre todo cuando empiezas a trabajar con tablas, juegues con los campos y veas qué opciones tienes de poder representar en tu tabla dinámica los datos que tienes; te aseguro que te sorprenderás.

Además, siempre vas a poder jugar con algo de ayuda. Dentro de la pestaña de insertar, al lado del botón de insertar tabla dinámica tienes este otro botón de *crear tabla dinámica* recomendada.

Como ves, al pinchar sobre ella vas a tener unas recomendaciones reales en base a tus datos, de qué tablas puedes hacer. Son muy simples pero muy efectivas, ya que siempre eligen la opción más simple que cumpla con las necesidades, para complicarnos mejor en otros temas.

Volvemos a nuestra tabla sencilla de ventas por provincia que teníamos creada, y vamos a ver que además vamos a poder introducir no solo un campo, sino tantos como queramos. Imaginad poder introducir también el departamento, además de la provincia. El resultado sería algo así:

Etiquetas de fila	Suma de Ventas
⊟ Barcelona	78179
Bebida	5921
Deporte	8971
Electrodoméstico	28838
Informática	5440
Textil	29009
⊟ Las palmas	95921
Alimentación	13130
Bebida	23684
Deporte	23887
Electrodoméstico	3854
Informática	3793
Textil	27573
⊟ Lugo	133120
Alimentación	22651
Bebida	20140
Deporte	27589
Electrodoméstico	24455
Informática	10714

Como ves, te indico en la imagen superior parte de la tabla dinámica, ya que la problemática —o más bien, lo que tienes que tener en cuenta—, es que cuantos más campos introduzcas dentro de las filas o columnas a la vez, más grande se hará tu tabla, y por lo tanto quizás pierdas el objetivo de ver la información resumida y ágil. Pero aquí decides tú lo que quieres visualizar y cómo quieres hacerlo. Eso sí, te recomiendo una vez más que sea lo más simple posible. Seguro que acabarás siendo de mi misma opinión.

Además de los campos de filas, columnas y de los valores, tenemos el campo de filtro, que de momento no hemos tocado.

En este campo, si metemos cualquier concepto podremos hacer filtros dinámicos para que solo nos muestre abajo, en nuestra tabla dinámica, la información en base a esos criterios.

Para que lo veas con un ejemplo muy sencillo, a nuestra información origen —es decir, solo las ventas por provincia—, vamos a incorporar en los filtros el campo producto.

Como veis, en el asistente quedaría de esta forma la situación:

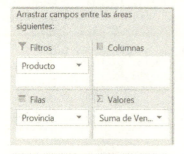

Y en la tabla dinámica se nos mostraría la información así.

	A	B
1	Producto	(Todas)
2		
3	Etiquetas de fila	Suma de Ventas
4	Barcelona	78179
5	Las palmas	95921
6	Lugo	133120
7	Madrid	95136
8	Salamanca	86655
9	Segovia	119759
10	Sevilla	82265
11	Total general	691035

A priori, como veis los datos son iguales, ya que estamos visualizando todos los productos, pero este filtro nos permite desplegar el listado de productos y poder elegir uno o varios a la vez donde poder mostrar la información en nuestra tabla de forma automática y dinámica.

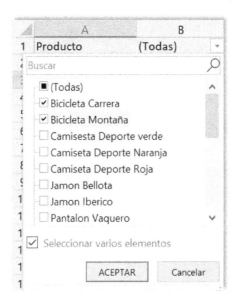

Vamos avanzando, y seguro que estás descubriendo un mundo nuevo de posibilidades, ¿verdad? ¡Pero espera, que esto no acaba más que empezar!

Ya conoces muchos motivos por lo que son dinámicas, pero te voy a mostrar otros. Por ejemplo, en la tabla origen puede haber algún error en los datos. En la provincia «Madrid», unos datos pueden estar como «Madri», y otros como «Mad», bien porque se hayan extraído mal los datos, o si es una tabla que se han «picado» los datos manualmente, por un error de grabación (es normal, todos somos humanos).

El caso es que nos situamos en nuestra tabla de datos, nos vamos a insertar > crear tabla dinámica, aceptamos el asistente para que nos lo inserte en una hoja nueva, y arrastramos el campo provincia en las filas y el total ventas en el campo valores.

El párrafo anterior es el resumen de cómo hacer una tabla muy sencilla, y con el siguiente aspecto:

Como puedes ver es una tabla dinámica como la anterior, pero donde vemos que hay algún error. A mitad de la tabla resulta que Madrid está escrito de tres formas diferentes, y claro, esto es un error.

	A	B
1		
2		
3	**Etiquetas de fila** ▾	**Suma de Ventas**
4	Barcelona	78179
5	Las palmas	95921
6	Lugo	133120
7	Mad	15000
8	Madri	5157
9	Madrid	74979
10	Salamanca	86655
11	Segovia	119759
12	Sevilla	82265
13	**Total general**	**691035**

Para solucionarlo no es necesario eliminar la tabla y empezar de cero, en absoluto. Para solventarlo simplemente nos iremos a la tabla de datos origen, lógicamente corregimos los errores para que los datos sean homogéneos, y una vez estén corregidos, nos vamos a nuestra tabla dinámica. En la cinta de opciones tenemos habilitadas dos pestañas nuevas de opciones, propias de la tabla dinámica:

Corregir los errores será tan sencillo como hacer clic en la pestaña analizar y pulsar sobre el botón actualizar.

Verás cómo automáticamente se actualiza la tabla y han desaparecido los errores.

	A	B
1		
2		
3	**Etiquetas de fila** ⌄	**Suma de Ventas**
4	Barcelona	78179
5	Las palmas	95921
6	Lugo	133120
7	Madrid	95136
8	Salamanca	86655
9	Segovia	119759
10	Sevilla	82265
11	**Total general**	**691035**

¡Listo! Volvemos a tener la tabla dinámica en perfecto estado; no sé cómo lo ves tú, pero a mí me parece casi cosa de magia.

Para rematar con las tablas dinámicas, —al menos con esta iniciación a las mismas—, si en algunos de nuestros datos mostrados tuviéramos la necesidad de ver el detalle. no nos será necesario irnos a la tabla origen, buscarlos, hacer filtros y perder nuestro valioso tiempo.

Simplemente pinchando dos veces, es decir, haciendo doble clic en el valor que queramos, se nos habilitará una hoja nueva con los valores que hacen referencia a esa celda, con un formato muy agradable para poder copiar o enviar a quien queramos.

Por ejemplo, dentro de nuestra tabla, imaginemos que necesitamos tener el detalle de las ventas de Barcelona para enviárselo a su responsable. Me situaría en la celda del valor de las ventas de Barcelona, donde indica en este caso 78 179 €, y haría un doble clic.

El resultado, como veis en la imagen siguiente, es un listado en formato de tabla normal, con todo el detalle, en una hoja nueva y listo para consultar, enviar o lo que necesitéis.

Meses	Producto	Provincia	Tienda	Departamento	Ventas
01/01/2016	Bicicleta Mor	Barcelona	Tienda 3	Deporte	3722
01/08/2016	Bicicleta Carr	Barcelona	Tienda 3	Deporte	5249
01/07/2016	Portátil Basic	Barcelona	Tienda 3	Informática	2493
01/06/2016	Portátil Elite	Barcelona	Tienda 3	Informática	2947
01/05/2016	Televsion 52'	Barcelona	Tienda 1	Electrodoméstico	7726
01/04/2016	Televisión 49	Barcelona	Tienda 1	Electrodoméstico	8238
01/03/2016	Televsion 52'	Barcelona	Tienda 1	Electrodoméstico	2869
01/02/2016	Televisión 49	Barcelona	Tienda 1	Electrodoméstico	6067
01/01/2016	Televisión 4C	Barcelona	Tienda 6	Electrodoméstico	3938
01/08/2016	Pantalón Ves	Barcelona	Tienda 6	Textil	4876
01/07/2016	Pantalón Vac	Barcelona	Tienda 6	Textil	9555
01/06/2016	Camisesta D(	Barcelona	Tienda 6	Textil	7683
01/05/2016	Camiseta De	Barcelona	Tienda 6	Textil	6895
01/04/2016	Vino Blanco I	Barcelona	Tienda 6	Bebida	1481
01/03/2016	Vino Blanco !	Barcelona	Tienda 5	Bebida	2192
01/02/2016	Vino Tinto Cr	Barcelona	Tienda 2	Bebida	2248

Como veis, las tablas dinámicas os van a dar mucho juego. Son un gran aliado que debéis dominar para poder sacar el máximo provecho a vuestros datos, tanto a la hora de poder tratarlos, gestionarlos, resumirlos y mostrarlos, como a la de poder analizarlos de forma más simple y dinámica.

Pon un gráfico en tu vida

Sí, sí, como lo oyes: ¡pon un gráfico en tu vida!

Bueno, sin ponernos tan románticos, pon un gráfico a tus datos siempre que puedas. ¿Por qué? Porque como en la vida en general, todo entra mejor por los ojos. A la hora de visualizar cualquier tabla de datos siempre será mejor acompañarla de un impacto visual, y en Excel nos va a ser muy, pero que muy sencillo trabajarlo con los gráficos.

Los gráficos son un mundo apasionante, y dentro de Excel constituyen una herramienta muy potente, porque con ellos vamos a poder dar vida a nuestros datos y a poder transformar datos y números en gráficos de línea, de barras o circulares.

Con ellos vamos a poder entender mucho mejor la información y hacer que nuestro público, ya sean compañeros, clientes, proveedores o nosotros mismos, entiendan y entendamos mejor la información de forma más rápida y sencilla, y podamos tomar acción con ellos más rápidamente.

Además, vamos a tratar de romper el mito de que para saber hacer gráficos hay que ser un experto en Excel, o hay que profundizar mucho sobre ellos para poder sacarle jugo.

En realidad, utilizar los gráficos va a ser muy sencillo. Lo vamos a hacer muy fácil, a golpe de clic, sin complicarnos en absoluto.

¿Suena bien, verdad? Vamos a intentar hacer realidad esta expectativa.

Supongamos que tenemos esta información:

Mes	Ventas	Beneficio
Enero	10.000	2.000
Febrero	20.000	8.000
Marzo	35.000	1.000
Abril	20.000	5.000
Mayo	50.000	10.000
Junio	5.000	1.000
Julio	2.500	2.000
Agosto	6.000	2.000
Septiembre	15.000	14.000
Octubre	25.000	8.000
Noviembre	50.000	20.000
Diciembre	60.000	4.000

Se trata de información simple de ventas y beneficio de cualquier negocio o empresa, por poner un ejemplo que todos podamos entender.

Son pocos datos, pero querer analizarlos o simplemente interpretarlos nos llevaría tiempo mirando fila por fila.

Pues vamos a darle solución, creando nuestro primer gráfico, pasando de la parte más fácil a herramientas más avanzadas dentro de los gráficos.

Para ello solo tenemos que tener una celda activa dentro de nuestra tabla, e irnos a la pestaña insertar, dentro de las opciones de gráficos que se nos muestra:

Vamos a pinchar en la primera opción, gráficos recomendados.

¿Por qué lo trabajamos primero con esta opción? Porque si no estamos muy acostumbrados a hacer gráficos, es una herramienta fantástica que nos brinda Excel para poder iniciarnos en este mundo.

Como puedes ver, se nos muestra este asistente:

Tenemos una serie de opciones de gráficos, como puedes ver: de líneas, de barras, etc. (Descubriremos cada tipo un poco más adelante).

Lo bueno de este asistente es que nos muestra simulaciones de gráficos reales en base a nuestros datos. Es decir, estos gráficos que nos muestra son borradores reales de los datos que tenemos y que os mostraba anteriormente.

Para poder crearlo solo tenemos que revisar los gráficos que nos muestra y seleccionar el que más nos guste o el que mejor interprete los datos que tenemos.

Para empezar, nos vamos a quedar con el de barras, que es la segunda opción.

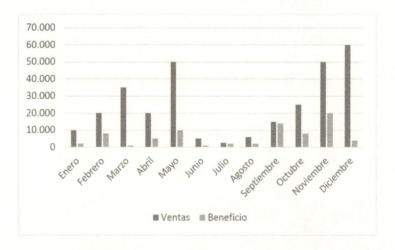

Como veis, ya tenemos nuestro primer gráfico. Se trata de una representación visual de esos datos, que mostrábamos al principio de este capítulo. Y lo mejor de todo: solo hemos realizado un par de acciones en Excel, ¡un par de clics!

Más fácil no puede ser.

Bueno, como habéis visto tenemos diferentes tipos de gráficos, que podremos utilizar en función de vuestras necesidades. Los más usuales son el gráfico de barras, el de líneas y el gráfico circular o «de quesito», como se le suele llamar.

Su representación quedaría de la siguiente forma, con los ejemplos que hemos visto, teniendo en cuenta que el gráfico de barras es el que ya hemos creado arriba.

Este sería un gráfico de línea. Como veis, también muy limpio y de estilo similar al anterior de barras, pero con estas líneas continuas.

El gráfico circular es más específico, ya que solo puede o debe usarse para representar una serie de datos, en este caso las ventas o el beneficio.

Esto es simplemente un ejemplo de los tres tipos de gráficos más usados en Excel, y que son los que yo te recomiendo.

Independientemente de ellos, tienes otras opciones que siempre podrás escoger desde gráficos recomendados, pero no te voy a complicar la vida hablándote de ellos, porque quizá no los uses nunca, o como mucho una vez en tu vida.

Estos gráficos pueden generarse también pinchando en su grupo correspondiente, que está situado justo a la derecha del icono de gráficos recomendados, representado cada grupo de gráfico por su icono correspondiente.

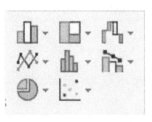

Los que hemos comentado están en la primera columna, como puedes observar.

Si pinchamos en cada uno de ellos, a su vez tendremos diferentes tipos de gráficos. Por ejemplo, en el de barras se nos muestra este menú:

Podemos optar, como veis, por gráficos de columna normales, apilados, en 3D, horizontales, etc.

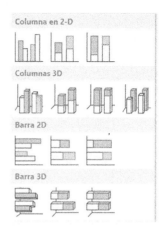

Al fin y al cabo, diferentes opciones para poder representar los mismos datos.

Mi consejo es que empecéis con el normal y os habituéis a trabajar con él, y una vez lo tengamos controlado, podremos ver otras opciones que den frescura y un punto diferente a tus datos.

En el caso de los gráficos de línea tenemos estas opciones:

Como ves, aquí pasamos a tener líneas con conectores, que son esos puntitos que detallan los valores, y también gráficos de áreas e incluso en 3D.

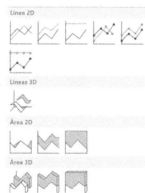

Igual que en el anterior, quédate con los primeros tipos, ya que en algunos casos usar gráficos más avanzados o diferentes va a provocar que nuestros datos no se vean correctamente o no se interpreten por parte de quien los ve.

Y por último, los tipos de gráficos circulares:

Gráfico 2D

Aquí tenemos menos opciones, pasando a tener gráficos circulares en 3D y el gráfico de anillo, con el efecto «donut».

Gráfico circular 3D

Estos gráficos circulares son muy atractivos, porque dan mucho juego. Son fáciles de interpretar y además muy vistosos.

Anillos

Vamos a hacer alguna utilización de ellos más adelante, porque seguro te va a gustar.

Una vez hemos creado un gráfico, también se nos habilitan dos pestañas propias de los gráficos, como puedes ver:

Diseño   Formato

Con ellas, además de poder aplicarles cantidad de cambios en el formato, vamos a poder hacer ciertas acciones muy interesantes desde el diseño.

Pinchando sobre ella accedemos a esta cinta de opciones:

Aunque pueden parecer muchas acciones, lo más interesante es que vamos a poder añadirle elementos a nuestro gráfico desde el primer botón, que lleva el nombre de agregar elemento de gráfico. Allí podemos incluir título, etiquetas y modificar la posición de la leyenda, entre otras opciones.

Además, como ves, tenemos una serie de diseños interesantes y muy intuitivos para aplicar directamente al gráfico, con el fin de que no tengas que perder tiempo en darle formato.

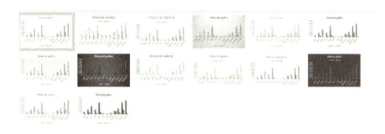

Pero me gustan especialmente estos diseños, porque están creados con mucho sentido; son minimalistas, pero con toques que hacen de nuestro gráfico tenga un impacto visual muy interesante.

Por ello te aconsejo que los pruebes; seguro que habrá alguno que te guste especialmente, y en todo caso puedes optimizar ese diseño con algún toque que lo haga único.

Yo, por ejemplo, es lo que hago en el 90 % de los gráficos que hago, y te aseguro que su resultado es muy bueno.

Y para terminar con este capítulo, vamos a ver cómo podemos crear un par de gráficos un poquito diferente utilizando un poco de ingenio.

En primer lugar, vamos a ver cómo podemos crear un gráfico combinado y a doble escala, un concepto que en principio te puede sonar extraño, pero que te aseguro abrirá un mundo de posibilidades a tu alrededor.

Vamos a practicar con este ejemplo:

	A	B	C
1	Oficina	Ventas	Nº Clientes
2	Madrid	1.000.000	32
3	Zaragoza	900.000	20
4	Barcelona	1.200.000	12
5	Las Palmas	1.500.000	30
6	Tenerife	850.000	48
7	Vigo	750.000	35

Para ello vamos a crear un gráfico de barras normal, que podemos seleccionar desde los gráficos recomendados o pinchando en su icono correspondiente, como hemos comentado.

Su aspecto inicial es este:

Es un gráfico de barras normal, pero a medida que lo observamos nos damos cuenta de que algo pasa, ¿verdad? Íbamos a representar dos series de datos, las ventas y los clientes, pero solo identifico a un primer vistazo las ventas.

Algo sucede...

¿Se te ocurre algo? ¿Alguna idea?

¡Exacto! ¡Diste con ello! El problema es que estamos representando dos series de datos muy dispares. Como ves, las ventas aparecen en unos volúmenes muy altos; estamos hablando de cifras superiores a 750 000 €, cuando los clientes son muy poquitos: entre 0 y 50.

Por ello en el gráfico no se visualizan, aunque como ves sí están incluidos, ya que en la leyenda tiene su detalle.

Alguno me podríais decir: «Entonces, Miguel, esto es cuestión de que en un gráfico interpretes las ventas, y en otro gráfico el número de clientes, ¿verdad?».

No te voy a decir que esté mal, porque es una opción, pero vamos a ver cómo en estas situaciones podemos hacer un gráfico completamente normal, con las dos series representadas en el mismo.

Para ello vamos a seleccionar la leyenda y vamos a pinchar una vez más solo en el nº de clientes, hasta que esta quede con este formato de selección:

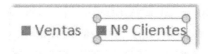

Una vez lo tengamos con esta selección, con el botón derecho, seleccionaremos dar formato a serie de datos:

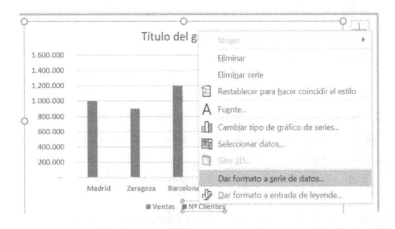

A la derecha se nos mostrarán estas opciones.

Tan sencillo como pinchar en *eje secundario* y comprobar cómo en nuestro gráfico aparecen las barras representadas del número de clientes, pero con el eje vertical que tenemos a la derecha.

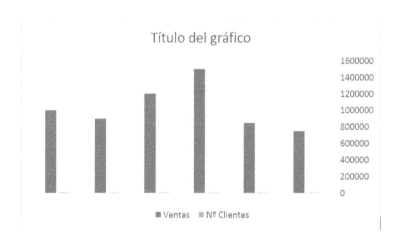

Lo que hemos hecho hasta el momento es crear un gráfico a dos escalas. Como ves, las ventas se establecen por la escala de la izquierda y el número de clientes por la de la derecha.

Aun así sigue teniendo un «pero», ¿verdad? Al tratarse de unas columnas agrupadas, estas no se ven correctamente, ya que unas se superponen a las otras.

No hay problema: vamos a cambiar el tipo de gráfico del número de clientes, para transformar nuestro gráfico de barras en un gráfico combinado, mostrando tanto barras como líneas en un mismo gráfico. ¡Verás que efecto tan bueno!

Para ello ahora pincha mos en una de las barras, y de nuevo con el botón derecho, seleccionamos *cambiar tipo de gráfico de series*:

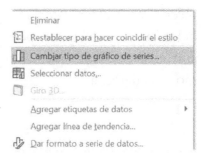

Se nos habilitará este asistente, donde vamos a rematar nuestro gráfico para poder dejar a todos con la boca abierta (bueno vale, quizás me paso de entusiasta, pero verás que queda muy bien).

En la parte inferior, donde vemos el tipo de gráfico que tienen asociado tanto las ventas como el número de clientes, vemos que es el mismo, en este caso columnas agrupadas.

Pues bien, si cambiamos en número de clientes el tipo de gráfico a líneas, sin más, y le damos a *aceptar*, tendremos este efecto:

Como puedes ver, un gráfico combinado (dos tipos de gráficos), y además a doble escala. Un gráfico que a mí me encanta; si además le dedicamos un par de segundos a darle un poco de formato con los diseños preestablecidos que vienen, puede lucir así de bien:

Para este diseño solo he utilizado uno de los que vienen predefinidos. Te podrá gustar el fondo gris o no —tienes más opciones—, pero no me podrás decir que visualmente no es impactante.

Y para terminar este capítulo de los gráficos, vamos a ver cómo podemos crear uno muy sencillo, solo para interpretar un par de datos, a nivel —por ejemplo— de porcentaje conseguido y no conseguido. Te será muy útil porque en muchas ocasiones medirás este tipo de objetivos o porcentaje.

Para ello nos vamos a fijar en que tengo estos datos:

	A	B
1	Objetivo Alcanzado	60
2	Objetivo No alcanzado	40
3	Porcentaje Alcanzado	60%

Como ves, vamos a representar el dato del objetivo alcanzado y objetivo no alcanzado. Ya veremos para qué nos es útil el tercer dato de porcentaje alcanzado.

De momento seleccionamos los dos primeros datos, y seleccionamos dentro de insertar un gráfico circular tipo anillo:

El resultado será el que nos muestra en pantalla:

Título del gráfico

■ Objetivo Alcanzado   ■ Objetivo No alcanzado

Ahora vamos a aplicarle un poco de formato. Le vamos a quitar la leyenda, porque no nos va a ser necesaria. Simplemente la seleccionamos y le damos a suprimir; después vamos a seleccionar el gráfico circular y le vamos a cambiar la paleta de colores. Para ello, con el gráfico seleccionado, nos vamos a la pestaña diseño, y hacemos clic en cambiar colores.

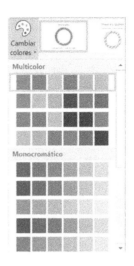

Como ves, podemos seleccionar diferentes gamas de colores mezclados o multicolor, o seleccionar entre gamas monocromáticas.

Vamos a seleccionar una gama monocromática azul, por ejemplo, y el resultado será el siguiente:

Consecución de objetivo

Como puedes ver, le he cambiado también el título.

De momento el gráfico es muy simplón, pero vamos a hacer que coja luz propia con este truco.

Nos vamos a ir a la pestaña insertar > ilustraciones > formas y pinchamos en la primera opción, un cuadrado con una letra A dentro.

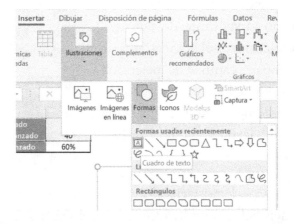

Al soltar fuera o dibujar un cuadrado, se nos abre un cuadrado de texto, y lo que vamos a insertar es la siguiente línea:

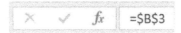

Como ves, simplemente hace referencia al porcentaje alcanzado que teníamos en nuestros datos. Una vez hayamos metido esta línea, nos aparecerá el dato de forma dinámica. Es decir, que si el dato varía, nuestro porcentaje insertado en el cuadro de texto también variará.

Ahora lo único que nos queda es darle algo de formato, simplemente cambiarle el color de fuente a un azul, para que vaya en línea con el gráfico y aumentarle el tamaño. No muchos más cambios, muy sencillo.

Y el cuadro de texto luciría así:

Tan sencillo como pincharlo y arrastrarlo dentro del gráfico para que este elemento se incorpore dentro de nuestro gráfico y lo transforme totalmente.

Una vez lo tengas dentro, prueba a cambiar el primer dato, el del objetivo alcanzado, y verás como el gráfico sube y baja dinámicamente junto con el dato del porcentaje:

Me parece un gráfico brutal para representar datos sencillos, pero de forma muy impactante. Te aseguro que no dejará indiferente a nadie.

Cruzar tablas en Excel: un antes y un después

No sé si recuerdas que, en un capítulo anterior, te comenté que para mí hay dos herramientas que marcan una gran diferencia en el conocimiento o nivel de cualquier persona en Excel.

Una de ellas son las tablas dinámicas —que ya hemos visto— y otra el saber cruzar tablas dinámicas en profundidad.

Conocer esta forma de importar datos que ahora veremos a través de la función *buscarV*, realmente será un punto de inflexión en tu conocimiento con Excel, y te aseguro que vas a poder hacer grandes procesos de forma automática. Lo que antes te llevaría horas, ahora será cuestión de segundos.

Sí, digamos que es un superpoder en toda regla, y que estás a punto de descubrirlo.

Cruzar tablas consiste en traer a la hoja en la que estás trabajando información de datos que necesitas y que tienes en otra fuente de datos, en otro libro de Excel. Además, tendrías que pararte a buscar dato por dato, y esto sería muy complicado y muy lento.

Para verlo más gráficamente usemos este ejemplo sencillo para que lo puedas entender.

Supón que tenemos esta pequeña base de datos, una serie de personas con sus DNI, pero que nos falta el teléfono de cada uno:

	A	B	C
1	Nombre	DNI	Teléfono
2	LOPEZ MARTIN, MARIO	48901193L	
3	Torres Moral, Alejandra	15375013L	
4	Huarte Alargunsoro, Luis	16552185M	
5	Mateos Mateos, Juana	48901193L	
6	Angel Garcia, Vega	10192712D	
7	PEREZ PEREZ, ENCARNA	X7571441W	

Como ves se trata de una base de datos muy sencilla, y resulta que tenemos otra base de datos completa, bien porque la hayamos descargado de un sistema informático, porque nos la han enviado o por el motivo que sea. El caso es que tengo una base de datos completa con todos los datos, como esta:

	A	B	C
1	Nombre	DNI	Teléfono
2	GARCÍA MASA, SONIA	09329536T	667858932
3	Stewart Balbás, Lorena	78978541Z	321325123
4	Garcia Fernandez, Beatriz Isabel	50465081E	658458456
5	PEREZ PEREZ, ENCARNA	X7571441W	254698789
6	Angel Garcia, Vega	10192712D	697451951
7	MARTINEZ LOPEZ, M FRANCISCA	16541721Y	125874753
8	Moreno Calonge, Mª Mercedes	16572170A	125451753
9	Gonzalez Quintana, Pedro	16575425S	321458123
10	GOMEZ SORIANO, REMEDIOS	16585618L	658698456
11	Martinez Diaz-Maroto, Susana	35774536Z	254451789
12	LOPEZ MARTIN, MARIO	48901193L	697874951
13	Torres Moral, Alejandra	15375013L	254325789
14	Huarte Alargunsoro, Luis	16552185M	697458951
15	Mateos Mateos, Juana	48901193L	125698753

Como ves, para que pueda ser fácil trabajar con estos datos, se trata de una base de datos sencilla; pero supón que tu base de datos no fuera de quince filas —como esta, más manejable—, sino que fuera de cientos o de miles de filas.

Si tuvieras que buscar los teléfonos anteriores en esta base de datos, te llevaría un ratito, ¿verdad? Y digo «ratito» porque quiero hacerlo más suave. Pero, ¿y si tuvieras que estar buscando, filtrando, copiando, llevándote al otro lado…? Y lo mejor de todo: imagina que una de estas personas cambia el teléfono; ya no lo tendrías actualizado en tus datos.

Por lo tanto, con esta función de buscarV, lo que vamos a poder conseguir es automatizar la búsqueda de datos, y que si además cambia la base de datos origen, se refleje en nuestros datos.

Para ello, traduciendo lo que vamos a escribir en la función (sí, nos estamos metiendo en el maravilloso mundo de las funciones, que van a desatar todo tu potencial), le vamos a indicar que nos busque un dato —en este caso nos da igual el teléfono o el DNI—, y en los casos en los que encuentre el valor buscado, nos devuelva el número de teléfono.

Así de simple.

Te lo traduzco primero al castellano, ya que las dos o tres primeras veces que hagas una función con buscarV tendrás que habituarte a ella y a los criterios que implica.

Pero es algo normal: se trata de una función que desconocías, pero verás que rápidamente le coges el truco.

Te decía que en este caso nos da igual (o quizás no: eso lo veremos más adelante) buscar por el nombre o el DNI, pero siempre que realices búsquedas de datos o utilices *buscarV*, pregúntate si el valor o el criterio que estás buscando es el correcto o no a la hora de alcanzar el resultado esperado.

Te explico esto, ya que si en lugar de tener en nuestros primeros datos el nombre completo solo tuviéramos el nombre, no podríamos buscar por este dato. La razón es que de este modo correríamos el riesgo de que hubiera diferentes personas con el mismo nombre, y nos diera el teléfono incorrecto.

Pero esto ya lo veremos más adelante.

De momento nos vamos a poner manos a la obra: nos situamos en nuestra base de datos, donde nos falta el teléfono, y en la primera casilla que nos falta de la columna del teléfono insertamos un "=buscarv(", y a continuación el resto de la función, que te separo en puntos diferentes:

— Le tenemos que indicar el valor que estamos buscando, en este caso el nombre completo que es la celda A2.
— A continuación ponemos un ";" para poder separar el criterio. Siempre que vayamos a cambiar de criterio hay que indicarlo; ahora tenemos que indicarle la matriz o dónde lo buscamos. Sin ningún miedo, nos vamos a la tabla de los datos completos y seleccionamos todo el

rango de datos. Como te digo, sin miedo. La fórmula está activa aunque nos movamos de libro, por lo que la función seguiría este camino: =buscarv(A2; '[libro1. xlsx]Hoja Origen'!$A$2:$C$15. Como ves, la última parrafada que nos ha incorporado es bastante mas extensa, ya que al haber pinchado en otro libro diferente nos da la información del libro, la hoja y el rango (un poco más abajo lo verás más gráficamente).

— Ahora de nuevo ponemos otro ";", y tenemos que indicarle, de la última selección que hemos hecho, el número de columna donde se encuentra el valor que estamos buscando —en este caso el teléfono—, por lo que como hemos seleccionado tres columnas (nombre, DNI y teléfono), y el teléfono está en la tercera columna de la selección que hemos hecho, le indicaremos un 3.

— De nuevo ponemos el último ";" y ahora le indicaremos un 0, por defecto. Si hay al otro lado alguna mente inquieta, esta me dirá que por qué un 0. Bueno, esto es para que nos dé la coincidencia exacta. Digo «por defecto» para no complicarlo más, ya que al menos que hagas cruces de datos más complejos con datos estadísticos y financieros, y quieras que si no te encuentre el valor exacto te dé una aproximación —en cuyo caso sí que pondríamos un 1—, pondremos un 0. Pero nosotros queremos que nos dé el teléfono de esa persona. Si no lo encuentra no quiero el teléfono de otra que se le parezca, ¿verdad? Pues entonces tenemos que poner un 0, con ello cerraríamos el paréntesis y —misterios de la ciencia— tendremos el teléfono de forma automática:

	A	B	C
1	Nombre	DNI	Teléfono
2	LOPEZ MARTIN, MARIO	48901193L	697874951
3	Torres Moral, Alejandra	15375013L	
4	Huarte Alargunsoro, Luis	16552185M	
5	Mateos Mateos, Juana	48901193L	
6	Angel Garcia, Vega	10192712D	
7	PEREZ PEREZ, ENCARNA	X7571441W	

Como ves, realizarlo por primera vez tiene sus detalles, y hay que verlos tranquilamente. Pero créeme: en cuanto realices un par de cruces de tablas será pan comido.

La función en mi libro ha quedado de la siguiente forma:

=BUSCARV(A2;'[Módulo 8 Cruzar Tablas Origen.xlsx]Hoja Origen'!$A$2:$C$15;3;0)

Vamos a repasarla:

• Primero hemos metido la función, con un "=" siempre delante, quedando así: =buscarv(.

• Seguidamente le hemos indicado el valor buscado, en este caso A2.

• Después, dónde lo buscamos —en el otro libro—: '[Módulo 8 Cruzar Tablas Origen.xlsx]Hoja Origen'!$A$2:$C$15.

• Y por último, le indicamos el número de columna donde está el teléfono de la tabla de búsqueda, y un cero por defecto al final: ;3;0).

No te preocupes si aún te parece un pelín complejo; estamos comenzando, pero te aseguro que es cuestión de practicarlo un par de veces.

Y vamos a ello, a practicar. Es la misma tabla, pero te la pongo de nuevo para que la tengas de referencia:

	A	B	C
1	Nombre	DNI	Teléfono
2	LOPEZ MARTIN, MARIO	48901193L	
3	Torres Moral, Alejandra	15375013L	
4	Huarte Alargunsoro, Luis	16552185M	
5	Mateos Mateos, Juana	48901193L	
6	Angel Garcia, Vega	10192712D	
7	PEREZ PEREZ, ENCARNA	X7571441W	

Ahora quiero que lo hagas otra vez, pero en vez de buscar por el nombre, vamos a buscarlo por el DNI, para ver como eso afecta a la función:

El comienzo siempre es: =buscarv(. Esto va a ser siempre así, para todo.

Ahora le indicamos el valor buscado. Como ahora es el DNI, ya no es la celda A2, sino la celda B2.

Ponemos un ";" y nos vamos a la otra tabla, sin miedo. Allí seleccionamos de nuevo el rango buscado. Como estamos buscando el DNI no seleccionamos desde la primera columna, sino desde la columna de DNI hasta la columna que aparezca el teléfono, que es la siguiente columna.

Con ello, como ves, ahora ya no sería un 3 el valor de la columna donde está el teléfono, ya que solo hemos seleccionado dos columnas (DNI y teléfono) y el teléfono ocupa la segunda columna de nuestra selección. Por ello indicaríamos un 2 y cerraríamos la función de buscarV con un 0.

Nuestra función quedaría de la siguiente forma, según los pasos anteriores:

=BUSCARV(B2;'[Módulo 8 Cruzar Tablas Origen.xlsx]Hoja Origen'!$B$2:$C$15;2;0)

Y ya tendríamos nuestro teléfono.

Aunque me llames pesado, te repito que es cuestión de hacer esta función un par de veces o tres, y te aseguro que se interioriza muy rápido, sobre todo para estas primeras búsquedas de datos muy sencillas.

En cualquiera de las dos búsquedas de datos que hemos hecho, bien por el nombre o por el teléfono, con pinchar en nuestra esquina inferior derecha de la celda y arrastrar o hacer doble clic, tendríamos la función completa en todas las celdas y el trabajo hecho:

	A	B	C
1	Nombre	DNI	Teléfono
2	LOPEZ MARTIN, MARIO	48901193L	697874951
3	Torres Moral, Alejandra	15375013L	254325789
4	Huarte Alargunsoro, Luis	16552185M	697458951
5	Mateos Mateos, Juana	48901193L	697874951
6	Angel Garcia, Vega	10192712D	697451951
7	PEREZ PEREZ, ENCARNA	X7571441W	254698789

Y lo que antes nos hubiera llevado horas, en cuestión de segundos lo tenemos resuelto.

Pero, ¿qué pasaría, por ejemplo, si alguna de las personas que estoy buscando no está en la tabla de datos donde se supone que están todos?

No te preocupes, esto va a ser normal. Puede darse la situación que, por ejemplo, el último nombre que hemos buscado antes —Encarna Pérez Pérez— no se encuentre en la tabla que estamos buscando. Por lo tanto, cuando ejecutáramos nuestra función, de forma normal, tendríamos este efecto:

	A	B	C
1	Nombre	DNI	Teléfono
2	LOPEZ MARTN, MARIO	48901193L	697874951
3	Torres Moral, Alejandra	15375013L	254325789
4	Huarte Alargunsoro, Luis	16552185M	697458951
5	Mateos Mateos, Juana	48901193L	697874951
6	Angel Garcia, Vega	10192712D	697451951
7	PEREZ PEREZ, ENCARNA	X7571441W	#N/A

Como ves tenemos el resultado de #N/A. Esto quiere decir simplemente que no encuentra el resultado, no que haya un error en la función —como suele interpretarse— o que la hayamos grabado mal. Nada de eso; simplemente que Encarna Pérez Pérez no está en nuestra base de datos completa.

Bueno, y antes de complicarlo un pelín más —ojo: no por el hecho de complicarlo, sino para que puedas hacer búsquedas más avanzadas—, al principio comentábamos que en este caso nos daba igual buscar el teléfono por el nombre o por el teléfono, ¿te acuerdas?

Nos daba igual porque estábamos buscando poquitos datos y no teníamos ninguno repetido, pero ponte en la situación de que, siendo nombres de personas, pudiera darse la situación de que tenemos en nuestra búsqueda dos nombres iguales, pero siendo personas diferentes

—es decir con DNI diferentes—, la imagen será como la que ves a continuación:

	A	B	C
1	Nombre	DNI	Teléfono
2	LOPEZ MARTN, MARIO	48901193L	
3	Torres Moral, Alejandra	15375013L	
4	Huarte Alargunsoro, Luis	16552185M	
5	Mateos Mateos, Juana	48901193L	
6	Angel Garcia, Vega	10192712D	
7	Huarte Alargunsoro, Luis	23423444P	

Como ves, tengo dos Luis Huarte, pero son personas diferentes y tienen DNI diferentes… Casualidades de la vida.

Si yo buscara en este caso el teléfono por el nombre, me daría como resultado el mismo teléfono para ambos. En este caso, el primero que estuviera en la base de datos de búsqueda, ya que esta función empieza a buscar por orden y cuando encuentra el resultado te lo ofrece, pero no mira si hay más datos iguales. Por lo tanto sería erróneo buscar por el nombre, y tendríamos que hacerlo por el DNI para garantizar que encontramos el teléfono correcto y no llevarnos a confusiones.

Pequeños detalles que te voy adelantando a lo que te encontrarás por el camino.

Venga, seguimos avanzando con nuestras búsquedas de datos y nuestro buscarV.

Lo que hemos visto hasta ahora digamos que es la parte más básica de esta función. Así es y así funciona, simple cuestión de práctica hasta interiorizarla. Pero podría decir esta frase de cualquier nueva herramienta o función que veas en Excel, incluso de cualquier aspecto nuevo de la vida.

Pero sin ponernos filosóficos, vamos a ver cómo podemos seguir avanzando y cómo podemos combinar nuestra función de buscarv con tres funciones más que nos van a permitir hacer autenticas locuras en las búsquedas de datos. Son muy sencillas y nos darán más versatilidad.

BuscarV con concatenar

Vamos a ver cómo podemos combinar en esta primera situación nuestra función de buscarV, con una función muy simple pero muy potente a la hora de combinarla como es concatenar.

Supongamos que tenemos en esta ocasión esta base de datos origen:

	A	B	C	D	E
9	Nombre	Apellido	Vtas 2018	1º trimestre 2019	1º trimestre 2019
10	Sonia	García	12.500		
11	Lorena	Stewart	25.400		
12	Beatriz	García	36.500		
13	Encarna	Pérez	58.000		
14	Vega	García	36.500		
15					
16				OPCIÓN 1	OPCIÓN 2

Como ves, tenemos a unas personas con el nombre y el apellido de forma independiente. Este dato es muy importante: están en columnas separadas, un dato de las ventas del 2018, y necesitamos el dato del primer trimestre 2019.

Como ves, te pongo dos opciones, ya que lo vamos a hacer de dos formas diferentes, muy sencillas ambas.

Estos datos del primer trimestre del 2019 se encuentran en otro libro, donde tenemos nuestra base de datos completa:

	A	B	C	D	E
	Comercial	Vtas Enero 2019	Vtas Febrero 2019	Vtas Marzo 2019	1º trimestre total
1					
2	Sonia García	1.000	200	3.200	4.400
3	Lorena Stewart	200	500	200	900
4	Beatriz García	500	1.000	500	2.000
5	Encarna Pérez	600	600	3.200	4.400
6	Vega García	3.200	3.200	500	6.900

Como ves, tengo la información que necesito en la primera tabla, en la columna E.

Pero detengámonos un segundo. Echa un vistazo a ambas tablas, a ambas bases de datos ¿Qué diferencia ves entre ellas? ¿Qué te llama la atención?

Ya te avanzaba al principio de la otra tabla: como ves, en la primera tenemos el nombre y el apellido en columnas diferentes, y en esta segunda tabla lo tenemos junto. Tenemos en una única columna tanto el nombre con el apellido.

Tenemos un problema, ¿verdad? No puedo cruzar las tablas con este formato, no tengo valores iguales y por lo tanto no me va a dar los resultados que quiero.

Bueno, pues vamos a ver cómo podemos incorporar la función concatenar para resolverlo.

Esta función es muy sencilla. Nos va a unir varias celdas en una.

¡Sí, sí, como lo oyes! Tan sencillo como ir pinchando las celdas que queramos unir, o cualquier valor que pongamos entre "" dentro de la función.

Para ello voy a crear una nueva columna, justo antes de la primera opción, con lo que quedaría así:

	A	B	C	D	E	F
9	Nombre	Apellido	Vtas 2018	Concatenar	1º trimestre 2019	1º trimestre 2019
10	Sonia	García	12.500			
11	Lorena	Stewart	25.400			
12	Beatriz	García	36.500			
13	Encarna	Pérez	58.000			
14	Vega	García	36.500			
15						
16					OPCIÓN 1	OPCIÓN 2

Como ves, en la celda D10 voy a introducir mi función de concatenar.

Para ello simplemente inserto =concatenar(y voy pinchando en las celdas que quiero incluir dentro de esta celda, en este caso la celda A10 y la celda B10, separado siempre con ";".

El resultado de la función sería este:

=CONCATENAR(A10;B10)

Y por tanto, el resultado en mi tabla quedaría así. Una vez lo replico en todas las celdas —ya sabes, arrastrando o haciendo el doble clic desde la esquina inferior derecha—:

	A	B	C	D	E	F
9	Nombre	Apellido	Vtas 2018	Concatenar	1º trimestre 2019	1º trimestre 2019
10	Sonia	García	12.500	SoniaGarcía		
11	Lorena	Stewart	25.400	LorenaStewart		
12	Beatriz	García	36.500	BeatrizGarcía		
13	Encarna	Pérez	58.000	EncarnaPérez		
14	Vega	García	36.500	VegaGarcía		
15						
16					OPCIÓN 1	OPCIÓN 2

Bueno, quizás alguno de vosotros ya le habéis puesto una pega, o habéis detectado qué es lo que sucede, ¿verdad? Como veis, el nombre y el apellido salen juntos, sin espacio entre ellos. Esto sigue siendo un problema, pero de fácil solución.

Como he comentado al comienzo de esta fórmula, te decía que podemos incluir también no solo referencias a celdas, sino cualquier carácter o lo que queramos entre "". Por lo tanto, si metemos un espacio entre celda y celda, entre "", conseguiremos el efecto deseado, quedando de la siguiente forma la función y nuestra tabla:

D10			f_x	=CONCATENAR(A10;" ";B10)		
	A	B	C	D	E	F
9	Nombre	Apellido	Vtas 2018	Concatenar	1º trimestre 2019	1º trimestre 2019
10	Sonia	García	12.500	Sonia García		
11	Lorena	Stewart	25.400	Lorena Stewart		
12	Beatriz	García	36.500	Beatriz García		
13	Encarna	Pérez	58.000	Encarna Pérez		
14	Vega	García	36.500	Vega García		
15						
16					OPCIÓN 1	OPCIÓN 2

Ahora sí estamos listos.

Nos situamos en nuestra columna E y utilizamos nuestra función buscarV para localizar el dato del primer trimestre del 2019:

- Para ello insertamos =buscarv(, y seleccionamos la celda del nombre y el apellido concatenado, en este caso D10.

- Nos vamos a la otra tabla y seleccionamos todo el rango de datos, desde la primera a la ultima columna, ya que la primera es el nombre que estamos buscando, y el valor que queremos está en la última.

- Ahora le incorporaríamos el indicador de columna donde se encuentra nuestro valor buscado —en este caso un 5—, ya que el dato de las ventas del primer trimestre 2019, como ves, se encuentra en la quinta columna de la selección que hemos hecho.

- Cerraríamos nuestro buscarV con un cero y listo, ya lo tenemos. Quedaría entonces de la siguiente forma:

	fx	=BUSCARV(D10;'[Módulo 8 Cruzar Tablas Origen.xlsx]Origen Concatenar'!$A$2:$E$6;5;0)						
C	D	E	F	G	H	I		J
:as 2018	Concatenar	1º trimestre 2019	1º trimestre 2019					
12.500	Sonia García	4.400						
25.400	Lorena Stewart	900						
36.500	Beatriz García	2.000						
58.000	Encarna Pérez	4.400						
36.500	Vega García	6.900						
	OPCIÓN 1		OPCIÓN 2					

Listo: la primera opción la tenemos. Como ves, es tan sencillo como poder unir las celdas que necesitamos de forma externa, en una columna independiente, y replicar nuestro buscarV, como si de los primeros casos se tratara.

Ahora bien, este mismo proceso lo podemos ejecutar incorporando la función de concatenar, dentro de buscarV. Para ello insertamos el concatenar, sustituyendo la referencia a la celda buscada.

Es más fácil hacerlo que explicarlo técnicamente. ¡Vamos a por ello!

Nos situamos en nuestra columna F, en la primera celda en blanco, e insertamos nuestra función buscarV.

Después del paréntesis es donde insertaremos, sin ningún tipo de reparo, la función concatenar, tal y como la teníamos en el ejemplo anterior, seguido de la matriz buscada, y el indicador de columna correspondiente, quedando la función de tal forma:

=BUSCARV(CONCATENAR(A10;" ";B10);'[Módulo 8 Cruzar Tablas Origen.xlsx]Origen Concatenar'!$A$2:$E$6;5;0)

Como ves, la fórmula es igual que aquella con la que venimos trabajando hasta ahora. La única diferencia es que, en lugar de tener una referencia a una celda normal como valor buscado, tenemos una función de concatenar.

El resultado, como ves, es idéntico para ambos ejemplos:

	A	B	C	D	E	F
9	Nombre	Apellido	Vtas 2018	Concatenar	1º trimestre 2019	1º trimestre 2019
10	Sonia	García	12.500	Sonia García	4.400	4.400
11	Lorena	Stewart	25.400	Lorena Stewart	900	900
12	Beatriz	García	36.500	Beatriz García	2.000	2.000
13	Encarna	Pérez	58.000	Encarna Pérez	4.400	4.400
14	Vega	García	36.500	Vega García	6.900	6.900
15						
16					OPCIÓN 1	OPCIÓN 2

Pero ya sabes: tú eliges, aunque me gustaría que controlaras la segunda opción. Saber realizarlo con la primera es algo brutal; el resultado es el mismo y simplemente tienes una columna más, pero no hay una diferencia muy presente en cuanto a la productividad entre una y otra opción.

BuscarV con si.error

Vamos a por otro uso de la función *buscarV*, pero en este caso ayudado de una función muy muy especial como es si.error.

Esta función tiene un sinfín de usos, y en cuanto la conozcas no podrás dejar de usarla, y mucho más si es para hacer cruces de tablas, como vas a poder llegar a hacer.

Bien, supongamos que tenemos este ejemplo: una base de datos de personas y teléfono, y en otra hoja u otro libro un formulario para que según indiques el nombre, te dé el teléfono:

	A	B	C	D	E
1	**Contacto**	**Tlf**		**Contacto**	Nicole
2	Rafael	620 58 69 65		**Tlf**	
3	Jaime	654 85 74 66			
4	Jose	621 45 98 65			
5	Manuel	652 65 85 35			
6	Silvia	654 96 95 65			
7	Lucas	698 65 32 14			
8	Sandra	654 78 96 52			
9	Alberto	658 96 96 65			

Lo ponemos dentro de la misma hoja para que sea más accesible y más gráfica su explicación, pero imagina que esta pequeña base de datos tuviera otras dimensiones, ajustándose más a la realidad.

Bueno, el asunto es fácil ¿verdad? Simplemente quiero buscar el nombre que tengo en la celda en naranja, en la base de datos que tengo a la izquierda.

Atacamos con la función buscarV con total normalidad:

E2			f_x	=BUSCARV(E1;A2:B9;2;0)	
	A	B	C	D	E
1	**Contacto**	**Tlf**		Contacto	Nicole
2	Rafael	620 58 69 65		Tlf	#N/A
3	Jaime	654 85 74 66			
4	Jose	621 45 98 65			
5	Manuel	652 65 85 35			
6	Silvia	654 96 95 65			
7	Lucas	698 65 32 14			
8	Sandra	654 78 96 52			
9	Alberto	658 96 96 65			

Y tenemos este resultado. ¿Cómo lo ves? Seguro que te has quedado con alguna duda, con algún «pero»…

No, no te preocupes. No hay ningún error en la fórmula, ni es una errata del libro. La función está correctamente ejecutada; el problema es que el nombre que estamos buscando no está en la tabla de datos.

Es decir, «Nicole» no está en nuestro rango de datos de nombres y teléfonos.

Ahora bien, si yo cambio el nombre, e incluyo por ejemplo «Rafael», nos dará el siguiente resultado:

| E2 | | | | f_x | =BUSCARV(E1;A2:B9;2;0) |

	A	B	C	D	E
1	Contacto	Tlf		Contacto	Rafael
2	Rafael	620 58 69 65		Tlf	620 58 69 65
3	Jaime	654 85 74 66			
4	Jose	621 45 98 65			
5	Manuel	652 65 85 35			
6	Silvia	654 96 95 65			
7	Lucas	698 65 32 14			
8	Sandra	654 78 96 52			
9	Alberto	658 96 96 65			

Como ves, tengo el teléfono sin ningún tipo de problema.

Volvamos al caso anterior con este «error» de "#N/A", que realmente no es un error. Se trata simplemente de que ese nombre no se encuentra, pero créeme que el 90 % de las personas que vea ese resultado te dirá que es un error, que esta mal la función, etc. Y nada más lejos de la realidad.

Para solventarlo, vamos a maquillar un poco el resultado. Y es aquí donde entra nuestra nueva función de "si. error", ya que nos va a ayudar cuando se produzcan estas situaciones en las que nos aparezca algo diferente.

¿Qué te parecería que, cuando no encontrara un nombre, directamente te diera como resultado este nombre no se encuentra, en vez de esos caracteres o símbolos de "#N/A", que pueden crear tanta confusión?

Bien, pues para ello con nuestro buscarV creado, simplemente vamos a insertar antes la función si.error, y posterior al buscarV, después de un ";", vamos a insertar entre "" el texto literal que queremos nos dé como resultado, en el caso de que no encuentre el valor buscado, en este caso: este nombre no se encuentra.

El resultado quedará de la siguiente forma:

=SI.ERROR(BUSCARV(E1;A2:B9;2;0);"Este nombre no se encuentra")

Esta nueva función, como puedes comprobar, simplemente tiene dos criterios: el valor, y el valor si hay un error.

Por lo tanto, siempre que tengamos una función que nos dé un error, vamos a poder insertarla para que nos ayude a maquillar el resultado, y todo el mundo lo pueda interpretar correctamente.

El resultado sobre la hoja es el que se muestra a continuación:

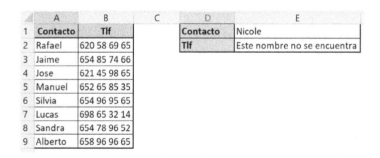

	A	B	C	D	E
1	**Contacto**	**Tlf**		Contacto	Nicole
2	Rafael	620 58 69 65		Tlf	Este nombre no se encuentra
3	Jaime	654 85 74 66			
4	Jose	621 45 98 65			
5	Manuel	652 65 85 35			
6	Silvia	654 96 95 65			
7	Lucas	698 65 32 14			
8	Sandra	654 78 96 52			
9	Alberto	658 96 96 65			

¡Listo! ¡Problema resuelto! Ya nadie podrá pensar que tenemos un error con la función.

BuscarV y coincidir

Vamos a por la tercera función que vamos a poner en contacto con nuestro buscarV. En este caso se trata de la función coincidir, con la que vamos a poder hacer auténticas locuras, realizando cruces de varios datos de forma simultánea y totalmente dinámica.

¡Sí, sí, como lo oyes! Cruzando varios datos de forma simultánea, y además usando alguna herramienta que ya hemos visto anteriormente, para que sea más dinámico.

Vamos a explicarlo directamente con este ejemplo, para que sea más sencillo interpretarlo y comprenderlo.

Nos metemos en esta situación: tengo esta base de datos con una serie de ciudades y de años, cada uno con sus ventas correspondientes.

De nuevo se trata de una base de datos pequeña para que podamos verlo fácilmente, pero ya sabes: piensa en grande e imagina el tiempo que te vas a poder ahorrar.

	A	B	C	D
1	Oficina	2016	2017	2018
2	Lugo	200.000	225.000	275.000
3	Madrid	500.000	350.000	375.000
4	Barcelona	600.000	690.000	650.000
5	Gran Canaria	300.000	380.000	850.000
6				
7			Oficina	Madrid
8			Año	2017
9				
10			Ventas	

Como ves, en la parte inferior, en verde, tengo los criterios de búsqueda creados con unas listas de validación: esos desplegables que hemos visto anteriormente, y que por lo tanto en función de la oficina y el año que seleccione quiero que me indiquen las ventas.

El resultado será dinámico, ya que en cuanto modifique la oficina o el año, las ventas deben cambiar, dándome el resultado correspondiente.

Como puedes imaginar, con esta situación no podemos resolverlo de forma correcta únicamente con buscarV, ya que no puedo decirle un indicador de columna para el año, al ser este dinámico para poder seleccionar y escoger el que quiera.

Pero de momento vamos a atacar con nuestro buscarV, una vez más:

- Para ello y repasando, insertamos un =buscarv(.
- Ahora incluimos la referencia a la celda de la oficina que tengamos seleccionada.
- Tras el punto y coma, seleccionamos todo el rango de datos de las oficinas, de forma completa.
- De nuevo un punto y coma, y aquí es donde incorporamos la función coincidir.

Esta función, como comprobarás, es muy similar a la función *buscarv*. Simplemente le vamos a dar un valor buscado, una matriz, y cerraremos la función con un 0 para la coincidencia exacta.

- No te olvides, tras cerrar la función coincidir con un paréntesis, poner un punto y coma con el fin de poder cerrar la función del buscarv, ya que si no, tendremos algún error.

Y ahora sí tendremos el resultado de la siguiente forma:

	A	B	C	D	E	F	G
D10				=BUSCARV(D7;A2:D5;COINCIDIR(D8;A1:D1;0);0)			
1	Oficina	2016	2017	2018			
2	Lugo	200.000	225.000	275.000			
3	Madrid	500.000	350.000	375.000			
4	Barcelona	600.000	690.000	650.000			
5	Gran Canaria	300.000	380.000	850.000			
6							
7			Oficina	Madrid			
8			Año	2017			
9							
10			Ventas	350.000			

Como puedes ver en la parte superior, la sintaxis de la función buscarV, es perfectamente identificable. Simplemente estamos intercambiando el indicador de la columna donde tendríamos el resultado por una nueva función, pero de uso muy sencillo, al conocer ya la función completa de buscarV.

Bueno, pues hasta aquí nuestra pequeña pero completísima masterclass sobre cómo cruzar tablas en Excel. Ahora solo queda practicar, practicar… ¡ah y un poco de práctica también, no lo olvides!

Bromas aparte, no pierdas de vista esta función. Te aseguro que te será de gran utilidad y hará que seas más productivo y eficiente con la herramienta.

Un gran desconocido: el formato condicional

¡Cuántas veces te habrán dicho que todo entra por los ojos! ¿Verdad? Y aunque no se refieran a comida o a algo similar, también tiene sentido.

Pues en Excel también, y aunque algo te he podido comentar al respecto de ello en los gráficos con esa frase de «pon un gráfico en tu vida», te aseguro que este formato condicional no es para menos.

Para mí es el gran olvidado de Excel en general, ya que puede que no sepas utilizar las tablas dinámicas, pero te suenan qué son o has oído hablar de ellas.

Puede que tampoco seas un maestro de los gráficos, pero sabes lo que son; sabes que hay funciones, pero ¿el formato condicional? ¿Qué es eso del formato condicional? ¿Es una nueva función?

Bien, el formato condicional es una herramienta de Excel muy accesible y fácil de utilizar, que nos va a ayudar a interpretar visualmente los datos, a través de un formato que podamos seleccionar o customizar, para cuando se cumpla una condición.

Resaltar reglas para celdas

Vamos a verlo de forma prácti ca con este ejemplo. Tenemos estos datos muy sencillos, una serie de meses y unas ventas:

Si yo quisiera representar de forma gráfica y visual los datos de los meses que más ventas han tenido, y que además esta representación sea dinámica, primero seleccionaremos los

	A	B
1	Mes	Ventas
2	Enero	10.000
3	Febrero	15.000
4	Marzo	25.000
5	Abril	50.000
6	Mayo	85.000
7	Junio	50.000
8	Julio	5.000
9	Agosto	65.000
10	Septiembre	35.000
11	Octubre	25.000
12	Noviembre	12.000
13	Diciembre	150.000

datos a los que queremos aplicarlo y posteriormente pincharemos en el menú inicio > y abriremos el menú del formato condicional.

En este caso desplegaremos el primer submenú, llamado *reglas para resaltar celdas*:

Allí elegiremos la opción de *es mayor que*... A continuación se nos abre este pequeño asistente, donde indicaremos el criterio para aplicar el formato, en el caso que las celdas tengan un resultado superior. Además, podremos seleccionar qué formato le aplicamos.

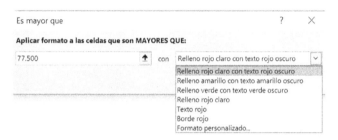

Como puedes observar, vienen configurados formatos por defecto muy interesantes, como estos rellenos rojo, amarillo o verde, con el texto en el mismo color oscuro. Nos simulan el efecto semáforo: si nuestros datos van bien están en verde, si los tenemos en observación estarán en amarillo, y si hay algún problema se nos mostrarán en rojo.

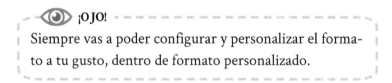

¡OJO!
Siempre vas a poder configurar y personalizar el formato a tu gusto, dentro de formato personalizado.

De momento vamos a seleccionar la opción del color verde y le aplicamos este valor de 77 500.

Como puedes ver al darle a acep tar, se nos muestran automática-mente en el formato selecciona-do todas las celdas que superan ese importe, lógicamente de la selección previa que hubiéramos hecho:

	A	B
1	Mes	Ventas
2	Enero	10.000
3	Febrero	15.000
4	Marzo	25.000
5	Abril	50.000
6	Mayo	85.000
7	Junio	50.000
8	Julio	5.000
9	Agosto	65.000
10	Septiembre	35.000
11	Octubre	25.000
12	Noviembre	12.000
13	Diciembre	150.000

Además, como te he comenta-do, una de las virtudes de este formato condicional es que es totalmente dinámico. Imagina que en octubre has cometido un error y no son 25 000, sino 85 000.

En cuanto lo corregimos, nos aplica el formato, ya que supera el criterio que habíamos marca-do de 77 500.

Además, otra de las virtudes de este formato condicional es que podemos aplicar más de una regla a nuestros datos. Por ejemplo, al igual que hemos aplicado una regla para los va-lores que superan una cifra y así saber los meses con más

	A	B
1	Mes	Ventas
2	Enero	10.000
3	Febrero	15.000
4	Marzo	25.000
5	Abril	50.000
6	Mayo	85.000
7	Junio	50.000
8	Julio	5.000
9	Agosto	65.000
10	Septiembre	35.000
11	Octubre	85.000
12	Noviembre	12.000
13	Diciembre	150.000

ventas, podemos también indicarle una regla para identi-ficar los valores con las ventas más bajas.

Para ello volvemos a seleccionar todos los datos, y nos vamos a formato condicional > reglas para resaltar cel-das y es menor que. Aquí indicaremos en este caso un valor de menor de 22 500, y el formato que aparece rojo por defecto.

El resultado sería el que te muestro a continuación:

Como ves, se trata de una herramienta muy útil para algo tan sencillo como identificar datos en función de un criterio, pero que este sea dinámico y podamos actualizar los datos.

	A	B
1	Mes	Ventas
2	Enero	10.000
3	Febrero	15.000
4	Marzo	25.000
5	Abril	50.000
6	Mayo	85.000
7	Junio	50.000
8	Julio	5.000
9	Agosto	65.000
10	Septiembre	35.000
11	Octubre	85.000
12	Noviembre	12.000
13	Diciembre	150.000

También vamos a poder utilizarlo para identificar los valores duplicados.

Si recuerdas, al principio de este libro te hablaba de cómo eliminar duplicados de un plumazo, prácticamente a golpe de dos clics. En esta ocasión no los vamos a eliminar, sino únicamente a identificar, pero de forma simple y dinámica.

Un truco que nos va a ser muy útil.

Para ello nos ponemos en la situación de tener estos datos:

Podemos ver por encima que puede que tengamos algún valor duplicado entre los nombres, pero claro, entre los

	A	B
1	Nombre	DNI
2	Miguel	78456987R
3	Paco	45789685Q
4	Lucia	56457896T
5	Lidia	65987456D
6	Yvonne	78654123S
7	Miguel	78456987R
8	Maria	32569874C
9	Sergio	78987456T
10	Miguel	78456987R
11	Yvonne	78654123S

DNI ya nos perdemos a menos que vayamos línea por línea, y aun así sería un poco lento y complejo.

Para identificarlos de forma muy simple, vamos a seleccionar todo el rango de datos, y nos iremos a formato condicional > reglas para resaltar celdas > valores duplicados.

Como puedes ver en este asistente, no tenemos que darle ningún criterio, ya que simplemente nos identifica los valores duplicados. Lo único que tendremos que hacer es seleccionar el formato que queremos aplicar.

Si por defecto dejamos el color rojo que nos aparece, nuestros datos tendrán el siguiente aspecto:

Como puedes ver, solo esta primera opción tiene una cantidad salvaje de opciones que podamos aplicar: valores mayores, menores, si son iguales a, fechas, valores duplicados, etc.

	A	B
1	Nombre	DNI
2	Miguel	78456987R
3	Paco	45789685Q
4	Lucia	56457896T
5	Lidia	65987456D
6	Yvonne	78654123S
7	Miguel	78456987R
8	Maria	32569874C
9	Sergio	78987456T
10	Miguel	78456987R
11	Yvonne	78654123S

Prueba a practicar algunos de los ejemplos anteriores para interiorizarlos: te aseguro que te será de gran utilidad y dará vida a tus datos.

Pero espera, espera, que aun tengo más…

Reglas para valores superiores e inferiores

Esta segunda opción también es muy interesante, ya que nos va a dar información visual de los datos para interpretar —por ejemplo, el listado top de unos datos—, tanto por la parte alta como por la parte baja de la lista.

¡Vamos a por ello! De nuevo tenemos unos datos muy similares a los anteriores —unos meses con unas ventas—, y queremos identificar los tres primeros meses con más ventas, y los tres últimos de forma simultánea:

Seleccionamos los datos de la columna B y nos vamos a inicio >

	A	B
1	Mes	Ventas
2	Enero	10.000
3	Febrero	15.000
4	Marzo	25.000
5	Abril	50.000
6	Mayo	85.000
7	Junio	50.000
8	Julio	5.000
9	Agosto	65.000
10	Septiembre	35.000
11	Octubre	25.000
12	Noviembre	12.000
13	Diciembre	150.000

formato condicional > reglas para valores superiores o inferiores, y seleccionamos diez superiores.

Se nos abrirá un asistente donde podemos subir o bajar el número de meses top, pudiendo dejarlo de momento en el listado tres top.

Aplicándole un formato tenemos nuestro ejercicio resuelto, y de la misma forma realizaríamos el caso contrario para los tres primeros meses con las ventas más bajas.

Es importante aplicarle lógicamente un formato diferente para no llevarnos lugar a error.

El resultado sería el que ves a la derecha.

	A	B
1	**Mes**	**Ventas**
2	Enero	10.000
3	Febrero	15.000
4	Marzo	25.000
5	Abril	50.000
6	Mayo	85.000
7	Junio	50.000
8	Julio	5.000
9	Agosto	65.000
10	Septiembre	35.000
11	Octubre	25.000
12	Noviembre	12.000
13	Diciembre	150.000

Como puedes ver, una utilidad muy práctica para hacer que tus datos tengan sentido, no solo en el valor sino también a nivel visual.

Si te han parecido útil estos usos, vamos a descubrir a continuación unas últimas opciones más que tiene el formato condicional para ti, con las que no solo vas a poder visualizar datos si se cumplen unos criterios, sino que serán muy útiles para la analítica del dato.

Barra de datos y conjunto de iconos

Sin duda alguna esta parte es mi favorita dentro del formato condicional.

Conseguir dar vida a tus datos con un par de clics y hacerlos tan intuitivos, me parece una obra maestra de quien lo haya desarrollado dentro de Microsoft.

Vamos a verlo con un ejemplo práctico muy sencillo. Imaginemos que tenemos estos datos:

	A	B	C	D	E	F	G
1		Enero	Febrero	Marzo	Abril	Mayo	Junio
2	Formación Online	1.000	2.500	3.500	2.500	1.200	4.500
3	Formación Presencial	5.000	4.500	7.000	5.000	8.000	3.500
4	Consultoría	10.000	12.000	15.000	12.500	11.000	15.500

Como ves, se trata de unas líneas de negocio o unos tipos de servicio y sus ventas a lo largo de unos meses.

Bien, si yo quiero interpretar los datos de una forma muy rápida, sin necesidad de tener que ir analizando celda por celda o fila por fila, es tan sencillo como seleccionar la primera fila e ir a inicio > formato condicional > barra de datos, y elegir el tipo y color que quiera, en este caso un verde degradado. Mira lo que sucede solo con pinchar aquí:

	A	B	C	D	E	F	G
1		Enero	Febrero	Marzo	Abril	Mayo	Junio
2	Formación Online	1.000	2.500	3.500	2.500	1.200	4.500
3	Formación Presencial	5.000	4.500	7.000	5.000	8.000	3.500
4	Consultoría	10.000	12.000	15.000	12.500	11.000	15.500

¡Y solo he pulsado un botón! Puedo analizar de forma visual el volumen de las ventas que he tenido sobre esa fila, sobre esa línea de negocio, de un simple vistazo.

Como puedes ver, lo que sucede es que coge todos los datos, al de mayor importe le aplica la barra completa y al resto su proporción, de tal forma que puedo analizar cómo se comportan las ventas en cada mes respecto del total.

Esto lo realiza dentro de cada conjunto de datos; es decir, que si seleccionara todos los datos, las tres filas, e hiciera lo mismo, sucedería esto:

	A	B	C	D	E	F	G
1		Enero	Febrero	Marzo	Abril	Mayo	Junio
2	Formación Online	1.000	2.500	3.500	2.500	1.200	4.500
3	Formación Presencial	5.000	4.500	7.000	5.000	8.000	3.500
4	Consultoría	10.000	12.000	15.000	12.500	11.000	15.500

Ahora ya toma como referencia todos los datos, y por lo tanto junio en formación online deja de ser protagonista, para pasar a ser la fila de consultoría.

En lo que respecta al formato, como puedes ver podemos elegir entre un relleno sólido o degradado y diferentes colores, más que suficiente para tener un impacto visual en cualquier persona que vaya a revisar o analizar nuestros datos.

Si limpiamos o borramos esta regla, y volvemos a seleccionar todo el conjunto de datos podemos seleccionar otra opción, como es la escala de calor, y sucede lo siguiente:

	A	B	C	D	E	F	G
1		Enero	Febrero	Marzo	Abril	Mayo	Junio
2	Formación Online	1.000	2.500	3.500	2.500	1.200	4.500
3	Formación Presencial	5.000	4.500	7.000	5.000	8.000	3.500
4	Consultoría	10.000	12.000	15.000	12.500	11.000	15.500

Personalmente, te puedo decir que esta opción me gusta menos. Es menos intuitiva, ya que intenta representar en una escala de color desde el verde al rojo, pasando por el amarillo, intentando dar efecto de semáforo, pero como ves salen diferentes tonalidades, naranjas entre el amarillo y rojo… En fin, que despista un poco, pero es una opinión subjetiva; yo aquí te muestro la opción para que igualmente puedas trabajar con ella.

Y por último, dentro de estas opciones, tenemos los conjuntos de iconos, otra opción brutal que dará autentica vida a tus datos.

Para trabajar con ellos solo tienes que seleccionar los datos de nuevo e ir a inicio > formato condicional > conjunto de iconos, y seleccionar los que más te gusten o apliquen a tus datos.

Te recomiendo utilizar los iconos de flecha y circulares, que proporcionan un efecto semáforo muy intuitivo que todo el mundo sabrá interpretar.

El efecto quedaría así:

	A	B	C	D	E	F	G
1		Enero	Febrero	Marzo	Abril	Mayo	Junio
2	Formación Online	1.000	2.500	3.500	2.500	1.200	4.500
3	Formación Presencial	5.000	4.500	7.000	5.000	8.000	3.500
4	Consultoría	10.000	12.000	15.000	12.500	11.000	15.500

Como puedes ver, con estos iconos podemos saber fácilmente qué meses van bien o van mal, en función de la flecha y el color.

Puedes modificar el icono en cualquier momento; tan sencillo como seleccionar los datos y pinchar en el icono que quieres:

	A	B	C	D	E	F	G
1		Enero	Febrero	Marzo	Abril	Mayo	Junio
2	Formación Online	1.000	2.500	3.500	2.500	1.200	4.500
3	Formación Presencial	5.000	4.500	7.000	5.000	8.000	3.500
4	Consultoría	10.000	12.000	15.000	12.500	11.000	15.500

Como ves, son muy versátiles y muy fáciles de aplicar.

Además, puedes editar cualquier regla, no solo de estos últimos datos, sino cualquiera que hayas podido incorporar. Vas a poder modificar los criterios o eliminarla.

Para ello, dentro de nuestra selección de datos, donde tengamos la regla en cuestión, nos vamos de nuevo a inicio > formato condicional > administrar reglas, que se encuentra al final del todo.

Nos aparecerá un asistente como este:

Como ves, además de poder crear una nueva regla y eliminarla, como nos muestra en la fila superior, vamos a poder editarla.

Para ello, si pinchamos en ella y pulsamos sobre el botón editar nos lleva a este último asistente:

En este panel vamos a poder cambiar los criterios de porcentajes o valores respecto a cuando aplica cada icono, por ejemplo.

Lógicamente, este panel cambiará en función de qué regla hayas aplicado, siendo más sencillo o con más posibilidades de modificación en cada caso.

En este tipo de reglas me parece muy útil, por ejemplo, poder quitar iconos. Es decir, si yo quisiera que me mostrara los iconos verde y rojo, solo tendría que pinchar en el icono amarillo, y dentro de él indicarle que no hay icono de celda; el efecto sobre los datos sería el siguiente:

	A	B	C	D	E	F	G
1		Enero	Febrero	Marzo	Abril	Mayo	Junio
2	Formación Online	1.000	2.500	3.500	2.500	1.200	4.500
3	Formación Presencial	5.000	4.500	7.000	5.000	8.000	3.500
4	Consultoría	10.000	12.000	15.000	12.500	11.000	15.500

Como ves, consigo una mayor visualización, en el caso de que solo me interese ver claramente los datos con la visualización en verde y rojo.

Y con este ejemplo rematamos nuestro formato condicional. Como ves, una herramienta muy potente que te va a ser de gran ayuda para interpretar datos de forma muy sencilla, sin necesidad de tener que utilizar gráficos; además, su visualización va a ser totalmente dinámica.

La gracia está en que puedas combinarlo, es decir que puedas tener el formato condicional para representar los datos y también los gráficos para otro tipo de visualización.

Pero ya sabes que con estos superpoderes serás capaz de esto y más.

Principales funciones

Iniciamos un capítulo muy especial, donde vamos a ver las principales funciones con las que podemos trabajar en Excel.

No trataremos funciones específicas de sectores tales como estadísticas, financieras o matemáticas, sino funciones simples que nos van a dar muchísimo juego y que vamos a poder unir entre ellas para aumentar los resultados.

Ya hemos visto que en Excel tenemos varias herramientas que nos van a ser de gran utilidad, con las que podemos aplicar algún truco con algo de ingenio para hacer que sucedan ciertas cosas que nos faciliten la vida en la herramienta. Sin embargo, las funciones son algo muy especial.

Lo son porque van a hacer que ocurran cosas sorprendentes y que podamos hacer cálculos o automatizar datos de un modo que que no pensábamos que pudiéramos hacer.

Así que, si me acompañas, déjame que te sorprenda. Vamos a ir paso a paso y haciéndolo fácil. Como consejo quiero decirte que las vayas incorporando poco a poco. Comienza por las que veas que tienen aplicación directa en tus datos, pero verás cómo poco a poco, con objetividad, vas a poder ir incorporando más.

Función si

La función si, pertenece al grupo de las funciones condicionales, y nos va a ayudar a poder mostrar un resultado u otro, en función de si se cumple una condición o no.

Como ejemplo, un caso muy sencillo: una serie de alumnos con unas calificaciones, cuya nota queremos saber.

Quiero poder identificar de una forma muy sencilla quiénes están aprobados y quiénes no.

Alumno	Nota	Calificación
Miguel	8	
Manuel	7	
Jaime	4	
Yvonne	2	
Paola	6	
Nicole	10	
Annette	7	
Vanesa	6	
Yaiza	8	
Javier	4	

Ten en cuenta que con ello podríamos utilizar también el formato condicional, para que una vez que tuviéramos el resultado, nos marcara en rojo —por ejemplo— los que están suspensos. Pero de momento vamos a ver la función simplemente.

Para ello nos situaremos sobre la primera celda de calificación y escribiremos la función si, insertando un "=" y "SI".

Al abrir el paréntesis nos pedirá la prueba lógica, o simplemente cuál es la condición. En este caso le diremos que si la nota es mayor que cinco me indique aprobado, y de no ser así, suspenso, resultando la función de la siguiente forma:

=SI(B3>5;"aprobado";"suspenso")

Con ella le estamos indicando a nuestra hoja de cálculo que en el caso de que la celda correspondiente de la nota sea mayor que cinco, nos dé un resultado de aprobado, y en el caso que no sea así (es decir, que sea menor que menor que cinco) nos indique que es suspenso.

Recuerda que todo valor que queramos que nos devuelva como tal nuestra función, debemos indicársela entre "".

Como ves es aplicarle una condición, y si se cumple que me dé un resultado, y si no se cumple que me dé otro.

El resultado quedaría así:

Esta acción se realiza en po cos segundos y es totalmente dinámica, ya que si cambias el valor de una nota la calificación se modifica automáticamente.

Alumno	Nota	Calificación
Miguel	8	aprobado
Manuel	7	aprobado
Jaime	4	suspenso
Yvonne	2	suspenso
Paola	6	aprobado
Nicole	10	aprobado
Annette	7	aprobado
Vanesa	6	aprobado
Yaiza	8	aprobado
Javier	4	suspenso

Con esta función también podemos realizar operaciones, es decir, hacer que en base a una condición sume dos celdas —por ejemplo—, y si no las cumple sume otras.

Vamos a verlo con un ejemplo.

Tenemos este listado de comerciales, con su categoría y unos importes de salario y comisiones:

	A	B	C	D	E				
1									
2	**Comercial**	**Categoría**	**Fijo**	**Comisiones**	**Salario**				
3	Miguel	SENIOR	1.500	200				Senior	Fijo+ Comisiones
4	Manuel	JUNIOR	1.250	150				Junior	Fijo
5	Jaime	SENIOR	1.800	300					
6	Yvonne	SENIOR	1.600	250					
7	Paola	JUNIOR	1.500	125					
8	Nicole	SENIOR	1.450	100					
9	Annette	SENIOR	1.300	325					
10	Vanesa	SENIOR	1.650	300					
11	Yaiza	SENIOR	1.250	125					
12	Javier	JUNIOR	1.100	225					

Además, como ves tenemos un criterio, y es que si el comercial es senior va a cobrar el fijo más las comisiones, pero si es junior, solo va a cobrar el fijo.

Para representarlo en la columna de salario, simplemente insertaremos la función SI, indicando que si en la columna de categoría esta indica que es senior, va a sumar como resultado si se cumple la columna del fijo más las comisiones, y si no se cumple será junior, y solo indicará la columna de fijo.

El resultado quedará de la siguiente forma:

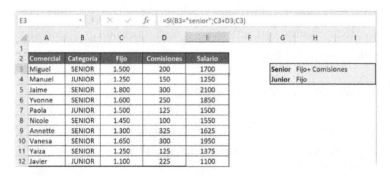

Como ves, la sintaxis de la función es muy sencilla: simplemente dime una condición, si se cumple te doy un resultado y si no se cumple te doy otro.

124

Es una función muy versátil que nos va a ayudar muchísimo a trabajar nuestros datos, así que no la pierdas de vista.

Función sumar.si.conjunto

Esta función es una derivada de la anterior, con la que vamos a poder sumar una serie de datos en función de si estos cumplen uno o varios criterios.

Es muy útil para cuando tengamos que hacer alguna suma, y podemos aplicarle el crear una lista de validación de datos con el criterio que queramos seleccionar.

Para verlo muy claramente tenemos este ejemplo:

Tienda	Producto	Vendidos		Producto	1
Madrid	1	5		Vendidos	
Madrid	2	10			
Barcelona	1	15			
Avila	1	25			
Las palmas	3	5			
Jerez	2	15			
Fuerteventur	1	25			
Las palmas	1	20			
Jerez	3	5			
Madrid	2	10			

Como ves, unas tiendas, una serie de productos y unas unidades vendidas. Queremos que en función de qué tipo de producto establecemos o seleccionamos, nos sume automáticamente las unidades vendidas.

Para ello, en la celda que tenemos en naranja insertaremos la siguiente función:

=SUMAR.SI.CONJUNTO(C2:C11;B2:B11;F1)

El primer valor de la función es dónde está el rango que queremos sumar —en este caso las unidades vendidas—. después dónde esta el rango de criterios dentro de la tabla, y por último el criterio, que es el producto que hemos seleccionado en la celda superior.

La función es muy sencilla, y podemos complicarlo con tantos criterios como queramos, pero solo con un criterio las posibilidades son ya enormes.

Nos dará mucho juego al poder ver la operación en función del criterio que establezcamos.

Función si.error

Lo sé, esta función te suena, ¿verdad? Es la que vimos dentro del capítulo que abordaba el tema de cómo cruzar tablas, utilizándola con la función buscarV.

Pero solo la vimos aplicándola a esta, y ahora vamos a ver qué otros usos podemos darla y cómo funciona con ellos.

Si recuerdas, esta función es muy especial y muy útil, ya que nos va a permitir mostrar diferentes resultados en función de si tenemos un error de otra función que insertemos.

Lo vemos con un ejemplo.

Supongamos que tengo estos datos:

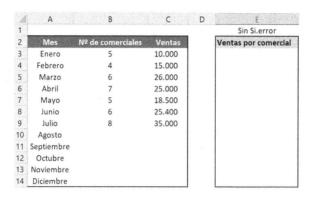

	A	B	C	D	E
1					Sin Si.error
2	**Mes**	**Nº de comerciales**	**Ventas**		**Ventas por comercial**
3	Enero	5	10.000		
4	Febrero	4	15.000		
5	Marzo	6	26.000		
6	Abril	7	25.000		
7	Mayo	5	18.500		
8	Junio	6	25.400		
9	Julio	8	35.000		
10	Agosto				
11	Septiembre				
12	Octubre				
13	Noviembre				
14	Diciembre				

Una serie de meses con los datos de números de comerciales y ventas, pero no de todo el año, ya que aún no lo hemos terminado.

Bien, si yo quiero saber el promedio de ventas por comercial, es muy sencillo: una división de las ventas de cada mes por el número de comerciales, ¿verdad?

Además, si al resultado lo estiro hasta todos los meses, quedaría así:

			Sin Si.error
Mes	**Nº de comerciales**	**Ventas**	**Ventas por comercial**
Enero	5	10.000	2000
Febrero	4	15.000	3750
Marzo	6	26.000	4333
Abril	7	25.000	3571
Mayo	5	18.500	3700
Junio	6	25.400	4233
Julio	8	35.000	4375
Agosto			#¡DIV/0!
Septiembre			#¡DIV/0!
Octubre			#¡DIV/0!
Noviembre			#¡DIV/0!
Diciembre			#¡DIV/0!

Hasta aquí todo correcto, pero como ves, donde no hay datos aparece ese error de #¡DIV/0! que no entendemos al principio, y nos puede llevar a confusiones. Además, nos impide hacer operaciones con los datos anteriores, por ejemplo, un sumatorio de los promedios.

Para resolverlo vamos a utilizar nuestro si.error, utilizando la fórmula de la siguiente forma, ya que conocemos.

$$=SI.ERROR(C3/B3;"")$$

Como ves, seguimos haciendo la misma división, pero previamente insertamos la función si.error donde le indicamos que, en el caso de dar un error, no dé ningún valor, al no poner ningún carácter dentro de las "".

El resultado entre un ejemplo y otro quedaría así:

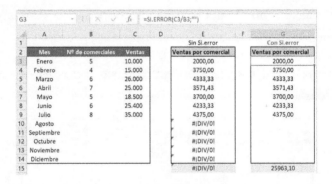

Con la opción de si error, nos muestra los promedios correspondientes; donde surge un error no nos muestra nada, y por lo tanto nos permite hacer también operaciones con todos los datos.

Como ves, es una función muy sencilla, con multitud de aplicaciones, que puedes utilizar en tus informes.

Función concatenar

Venga, otra que nos suena por haberla utilizado dentro del *buscarV*. Sin embargo, ahora vamos a darle su protagonismo de forma independiente.

Como ya sabéis, con esta función vamos a fusionar el valor que tengamos en diferentes celdas.

Lo vemos muy gráficamente con un ejemplo; supongamos que tenemos estos datos, como ves el nombre y los apellidos en celdas diferentes:

Con la función concatenar vamos a poder unir todos los campos dentro de una misma celda. Para ello realizamos la función de esta forma tan simple:

=CONCATENAR(A2;B2;C2)

Como ves, simplemente necesitamos introducir en el nombre de la función y con criterios separados las celdas de referencia del nombre, apellido 1 y apellido 2.

El resultado quedaría así:

	A	B	C	D	E
1	Nombre	Apellido 1	Apellido 2		Nombre completo
2	Andrea	Martín	Luca		AndreaMartínLuca
3	Andres	San Juan	Pérez		AndresSan JuanPérez
4	Fätima	Osorio	Luca		FätimaOsorioLuca
5	Francisco	Osuna	Puerto		FranciscoOsunaPuerto
6	Miguel	Ramos	Gallego		MiguelRamosGallego

El único problema que se nos plantea aquí es que no tenemos espacio entre nombres y apellidos, cosa que podemos resolver metiéndolos entre "" dentro de la formula, con lo que quedaría así:

=CONCATENAR(A2;" ";B2;" ";C2)

Nombre completo
Andrea Martín Luca
Andres San Juan Pérez
Fätima Osorio Luca
Francisco Osuna Puerto
Miguel Ramos Gallego

Con esta función vamos a poder unir cualquier celda, y además le podremos insertar caracteres tales como guiones o lo que necesitemos, y no solo espacios.

Se trata de una función muy versátil que no puedes perder de vista.

Función sumaproducto

Es una de mis funciones favoritas; nunca olvidaré que cuando la descubrí pensé: «¡El tiempo que perdía cada semana haciendo una tarea rutinaria, que esta función me puede resolver!».

Con esta función vamos a poder realizar dos operaciones en una misma fórmula de forma dinámica y en muy poco tiempo.

Vamos a poder seleccionar dos rangos de datos, y con ellos Excel hará una multiplicación y una suma acumulada de forma dinámica.

Pero como con esto no me entenderás, vamos a verlo con este ejemplo. Supongamos que tenemos el ejemplo adjunto:

Como ves tenemos unas unidades y un precio unitario para una serie de productos.

	A	B	C
1	Producto	Unidades	Precio Unit
2	Camiseta 1	5	25
3	Camiseta 2	25	15
4	Pantalón 1	15	18
5	Pantalón 2	10	25
6	Jersey 1	8	35
7	Jersey 2	10	40
8	Chaqueta 1	15	55
9	Chaqueta 2	20	58
10	Zapatillas 1	10	35
11	Zapatillas 2	15	42
12			
13	Total		

Si yo quisiera saber el total de forma automática en una única celda, implementaremos nuestra función de sumaproducto de la siguiente forma:

=SUMAPRODUCTO(B2:B11;C2:C11)

Como ves, simplemente insertamos los rangos de datos completos de las unidades y del precio unitario, para tener el total de forma automática.

Este es un ejemplo muy sencillo para que puedas interpretarlo. No es una función muy compleja, pero vamos a ver una aplicación real que me encanta.

Supongamos que tienes una cartera de clientes con las ventas de todo un año, pero quieres analizar acumulados de forma muy dinámica:

	A	B	C	D	E	F	G	H	I	J	K	L	M	N	O
1		1	1	1	1	1	1	1	0	0	0	0	0		
2	Cliente	Ene	Feb	Mar	Abr	May	Jun	Jul	Ago	Sep	Oct	Nov	Dic		Acumulado
3	Cliente 1	1.000	5.000	549	5.464	24.555	8.877	24.543	5.456	33.544	6.654	6.500	5.454		
4	Cliente 2	2.000	6.500	55.432	6.654	55.432	54.544	5.456	8.876	6.654	84.665	549	6.654		
5	Cliente 3	35.000	549	84.665	84.665	65.354	6.654	8.876	210	84.665	6.500	55.432	84.665		
6	Cliente 4	6.555	55.432	5.545	35.000	549	84.665	210	35.000	5.545	549	6.654	5.456		
7	Cliente 5	15.587	65.354	2.487	6.555	55.432	33.546	5.456	5.456	5.456	55.432	84.665	8.876		
8	Cliente 6	6.654	24.543	1.000	15.587	65.354	55.432	549	8.876	8.876	35.000	5.545	210		
9	Cliente 7	84.665	5.456	24.543	549	8.876	6.656	55.432	210	210	6.555	6.500	24.543		
10	Cliente 8	5.545	8.876	5.456	55.432	210	6.654	210	35.000	84.665	549	549	5.456		
11	Cliente 9	2.487	210	8.876	1.580	5.456	84.665	6.555	6.555	5.545	55.432	55.432	8.876		
12	Cliente 10	58.989	8.887	210	25.545	8.876	5.545	15.587	15.587	2.487	54.545	54.547	210		

Para ello no sería óptimo estar haciendo subtotales, cambiándolos cada vez. Al final se te olvidará o cometerás errores.

Con la función sumaproducto vamos a poder calcularlos muy rápidamente.

Para ello primero insertaremos una fila en la cabecera con 1 y 0, donde 1 será el mes cerrado que quiero que me acumule y 0 el mes que aún no he cerrado. Por lo tanto es una previsión y no quiero que me lo contemple.

Ahora es donde simplemente insertaremos nuestra función sumaproducto, indicando los rangos de la primera fila y la fila correspondiente a donde estemos insertando la función.

El ejemplo quedaría resuelto así:

=SUMAPRODUCTO($B$1:$M$1;B3:M3)

	A	B	C	D	E	F	G	H	I	J	K	L	M	N	O
1		1	1	1	1	1	1	1	0	0	0	0	0	0	
2	Cliente	Ene	Feb	Mar	Abr	May	Jun	Jul	Ago	Sep	Oct	Nov	Dic		Acumulado
3	Cliente 1	1.000	5.000	549	5.464	24.555	8.877	24.543	5.456	33.544	6.654	6.500	5.454		€ 69.988
4	Cliente 2	2.000	6.500	55.432	6.654	55.432	54.544	5.456	8.876	6.654	84.665	549	6.654		€ 186.018
5	Cliente 3	35.000	549	84.665	84.665	65.354	6.654	8.876	210	84.665	6.500	55.432	84.665		€ 285.763
6	Cliente 4	6.555	55.432	5.545	35.000	549	84.665	210	35.000	5.545	549	6.654	5.456		€ 187.956
7	Cliente 5	15.587	65.354	2.487	6.555	55.432	33.546	5.454	5.456	5.456	55.432	84.665	8.876		€ 184.415
8	Cliente 6	8.654	24.543	1.000	15.587	65.354	55.432	549	8.876	8.876	35.000	5.545	210		€ 169.119
9	Cliente 7	84.665	5.456	24.543	549	8.876	6.656	55.432	210	210	6.555	6.500	24.543		€ 186.177
10	Cliente 8	5.545	8.876	5.456	55.432	210	6.654	210	35.000	84.665	549	549	5.456		€ 82.383
11	Cliente 9	2.487	210	8.876	1.580	5.456	84.665	6.555	6.555	5.545	55.432	55.432	8.876		€ 109.829
12	Cliente 10	58.989	8.887	210	25.545	8.876	5.545	15.587	15.587	2.487	54.545	54.547	210		€ 123.639

Como puedes comprobar ahora, solo modificando la fila de cabecera, donde tienes los 1 y los 0, el resultado cambia dinámicamente, incorporando meses cuando cambiamos un 0 por un 1, por ejemplo.

Es una función utilísima que no puedes dejar de lado; seguro que te será de gran utilidad.

Función extrae

Con esta función vamos a poder extraer de una celda los valores que queremos, definiéndolos a partir de los caracteres que queramos extraer, y cuantos queremos extraer.

Es una función muy útil cuando tenemos datos compuestos, por ejemplo, de números y letras, y resulta que solo necesitamos los números para poder hacer unos cruces de tabla.

Supongamos que tenemos estos datos:

	A	B
1	Matrícula	Extrae
2	8457-FJJ	
3	9875-SDC	
4	7854-PSD	
5	5468-MCC	
6	2134-NYA	

Si de estas matrículas quisiéramos extraer los cuatro primeros dígitos, simplemente tenemos que aplicar la fórmula siguiente: =EXTRAE(A2;1;4)

En la sintaxis de la función hacemos referencia a la celda de la que queremos extraer los datos, seguidos del carácter inicial, y cuántos caracteres queremos extraer, quedando el resultado de la siguiente forma:

Matrícula	Extrae
8457-FJJ	8457
9875-SDC	9875
7854-PSD	7854
5468-MCC	5468
2134-NYA	2134

Es una función sencilla, pero que nos evitará hacer trabajos manuales cuando tengamos que extraer parte del valor de una celda de un listado de datos.

Función transponer

Esta función es muy interesante y bastante desconocida.

Nos va a permitir transponer —como su propio nombre indica—, que consiste en cambiar el rango de datos de un formato vertical a horizontal o viceversa.

Supongamos que tenemos estos datos:

Es decir, meses y ventas en dos columnas, y queremos pasarlo a dos filas.

	A	B	C
1		Transponer	
2			
3	Mes	Ventas	
4	Enero	150.000	
5	Febrero	15.000	
6	Marzo	2.500	
7	Abril	25.000	
8	Mayo	20.000	
9	Junio	18.000	

Para ello simplemente seleccionaremos el rango necesario para poder transponer los datos; en este caso, dos filas y siete columnas para escribir la siguiente función, cerrándola con *mayúsculas* + *control* + *intro*.

{=TRANSPONER(A3:B9)}

El resultado sería el siguiente:

	A	B	C	D	E	F	G	H	I	J
1		Transponer								
2										
3	Mes	Ventas								
4	Enero	150.000								
5	Febrero	15.000		Mes	Enero	Febrero	Marzo	Abril	Mayo	Junio
6	Marzo	2.500		Ventas	150000	15000	2500	25000	20000	18000
7	Abril	25.000								
8	Mayo	20.000								
9	Junio	18.000								
10										

Y como ves, utilizando una única fórmula, muy sencilla y con pocos pasos. Esto es lo que más me gusta de Excel: cómo utilizando pocos pasos podemos hacer auténticas locuras.

Hasta aquí este grupo de funciones. Como ves no son muchas, pero sí muy útiles, intuitivas y que te ayudarán enormemente en tu trabajo con la aplicación.

Y como ves, utilizando una única fórmula, muy sencilla y con pocos pasos. Esto es lo que más me gusta de Excel: cómo utilizando pocos pasos podemos hacer auténticas locuras.

Hasta aquí este grupo de funciones. Como ves no son muchas, pero sí muy útiles, intuitivas y que te ayudarán enormemente en tu trabajo con la aplicación.

¿Te atreves a crear listas de validación dependientes?

En módulos anteriores hemos visto cómo crear listas de validación simple, ¿te acuerdas? Esos desplegables que nos facilitaban la vida, pudiendo seleccionar los datos de una lista, y además permitiendo que los datos fueran homogéneos, sin tener que depurarlos para —por ejemplo— hacer una tabla dinámica. Pero, ¿cómo haríamos si quisiéramos crear varias listas de validación, dependieran unas de otras?

Lo vemos con un caso práctico a modo de ejemplo. Supongamos que tenemos estos datos:

Ciudad	Tienda	Ventas
Madrid	Alcobendas	10.484
Madrid	Villaverde	8.866
Madrid	Sanchinarro	12.530
Madrid	Algete	7.443
Barcelona	Martorrell	7.216
Barcelona	Vendrell	1.191
Barcelona	Girona	10.424
Tenerife	Adeje	5.935
Tenerife	Santa Cruz	7.020
Tenerife	Tacoronte	10.971
Fuerteventura	Puerto del Rosario	11.219
Fuerteventura	Gran Tarajal	13.392
Fuerteventura	El Castillo	11.021
Sevilla	Los cristianos	3.976
Sevilla	Dos Hermanas	3.405

Con ellos queremos realizar el siguiente formulario, para que otros usuarios —compañeros— nos completen la ciudad y las tiendas, y así poder vincular las ventas:

	A	B	C
1	Ciudad	Tienda	Ventas
2			

Es decir, lo que queremos hacer es desplegar un combo para las ciudades, y en función de qué ciudad seleccionemos, solo nos aparezcan las tiendas de esa ciudad.

No sé si habías pensado en ello, pero esta idea es sencillamente brutal. Como siempre, utilizo ejemplos sencillos para facilitar su explicación y para que no tengas problemas para entenderlo rápidamente. Pero imagina que tuviéramos un listado considerable de tiendas, y tener que buscar en todas ellas cuando previamente he seleccionado una ciudad.

Bueno, pues nos ponemos manos a la obra. Para ello seleccionaremos la columna de las ciudades y la copiaremos en otra columna.

Vamos a datos > quitar duplicados, y tal y como hemos visto en un módulo anterior, quitamos los duplicados, dejándonos registros únicos. Es tan sencillo como ir a datos > quitar duplicados, y darle a aceptar para que nos elimine las ciudades duplicadas y nos deje solo valores únicos.

Tendríamos el siguiente aspecto en nuestra hoja:

A esta lista más reducida de ciudades le vamos a poner un nombre de rango. Y dirás: «¿Y esto qué es?». Pues muy fácil: como sabes, cada celda tiene un nombre, que consta de la letra de la columna y el número de fila, celdas A2, B5, etc.

Bien, pues donde nos indica este nombre de celda, también podemos indicarle un nombre de un rango para poder hacer cosas con él muy interesantes.

Para ello seleccionaremos este listado único y le pondremos un nombre, en este caso CIUDADES.

¿Ves? Ahora nos aparece el nombre en la esquina superior izquierda.

 IMPORTANTE

Pulsar intro después de escribir ciudades para que coja el rango de datos.

Ahora nos iremos al formulario anterior y crearemos la lista de validación de datos con las ciudades.

Para ello nos iremos a datos > crear lista de validación, y en el asistente, en vez de escribir las ciudades de forma manual o hacer referencia a ellas, simplemente escribiremos un =CIUDADES.

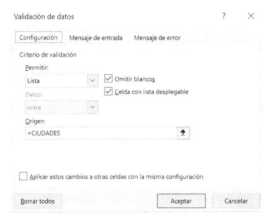

Y como puedes ver, ya tienes el listado creado de ciudades para poder pinchar y seleccionar la que consideres.

Vamos a dejar seleccionada una cualquiera. En este caso, por ejemplo, Madrid.

Ahora queremos crear otra lista desplegable, que solo me ofrezca en este caso las tiendas de Madrid, no todo el listado completo.

Para ello asignaremos en primer lugar el nombre de la ciudad a cada rango de tiendas bajo el método anterior, simplemente seleccionando el grupo de tiendas de Madrid y poniendo el nombre correspondiente: MADRID.

Repetiremos la operación con todos los grupos de tiendas; recuerda pulsar el intro después de indicar el nombre de cada rango, para que se quede correcto. Si no, no cogerá el registro.

Ahora nos vamos de nuevo a nuestro formulario, y crearemos otra lista de validación de datos aplicando la fórmula =indirecto($A$2).

El asistente quedará de la siguiente forma:

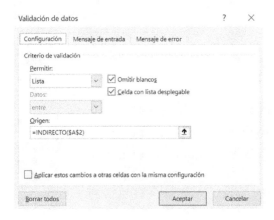

Como ves, ahora en función de qué ciudad tengamos seleccionada, solo nos mostrará las tiendas que pertenezcan a esa ciudad.

Un resultado brutal y una herramienta que nos va a ser muy útil, para poder crear formularios homogéneos, que además tengan un aspecto profesional.

Teniendo en cuenta lo sencillo que ha sido, se trata de una herramienta para tener en cuenta, ¿verdad?

Bueno, si quisiéramos rematar el trabajo —aunque ya no tiene que ver con cómo crear una lista de validación desplegable—, tan sencillo como incorporar un buscarV a la celda de las ventas, para buscar la tienda dentro del listado origen, quedando de la siguiente forma:

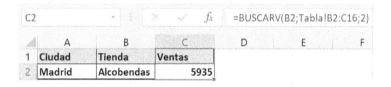

Ya lo tenemos completo: ya podemos seleccionar la ciudad, y en función de ella seleccionar la tienda solo de su listado correspondiente, apareciendo las ventas automáticamente.

No pierdas de vista esta herramienta.

ExcelyFinanzas.com
By Miguel Antúnez

Patrocinio

Este libro esta patrocinado por excelyfinanzas.com, una academia online sobre Excel y gestión financiera de empresas.

En **www.excelyfinanzas.com** encontrarás cursos específicos 100% prácticos, enfocados a aumentar tu productividad y desatar todo tu potencial con Excel.

Clases en videotutoriales con acceso a ejercicios totalmente prácticos y soporte tutorizado para cualquier duda que puedas tener.

Además, cada mes dos cursos nuevos completos.

No lo dudes, invierte en formación, invierte en ti y suscríbete a la academia.

Web: **www.excelyfinanzas.com**
E-mail: **miguel.antunez@excelyfinanzas.com**

Nuestras colecciones

Guías para todos aquellos que deseen ampliar sus conocimientos sobre asuntos específicos, grandes personajes, épocas, culturas, religiones, etc., ofreciendo al lector una amplia y rica visión de cada una de las temáticas, accesibles a todos los lectores.

Guías para gestionar con éxito un negocio, vender un producto, servicio o causa o emprender. Pautas para dirigir un equipo de trabajo, crear una campaña de *marketing* o ejercer un estilo adecuado de liderazgo, etc.

Guías para optimizar la tecnología, aprender a escribir un blog de calidad, sacarle el máximo partido a tu móvil. Orientaciones para un buen posicionamiento SEO, para cautivar desde Facebook, Twitter, Instagram, etc.

Guías para crecer. Cómo crear un blog de calidad, conseguir un ascenso o desarrollar tus habilidades de comunicación. Herramientas para mantenerte motivado, enseñarte a decir NO o descubrirte las claves del éxito, etc.

Guías prácticas dirigidas a la salud y el bienestar. Cómo gestionar mejor tu tiempo, aprenderás a desconectar o adelgazar comiendo en la oficina. Estrategias para mantenerte joven, ofrecer tu mejor imagen y preservar tu salud física y mental, etc.

Guías prácticas para la vida doméstica. Consejos para evitar el *cyberbulling*, crear un huerto urbano o gestionar tus emociones. Orientaciones para decorar reciclando, cocinar para eventos o mantener entretenido a tu hijo, etc.

Guías prácticas dirigidas a todas aquellas actividades que no son trabajo ni tareas domésticas esenciales. Juegos, viajes, en definitiva, hobbies que nos hacen disfrutar de nuestro tiempo libre.

Guías para aprender o perfeccionar nuestra técnica en deportes o actividades físicas escritas por los mejores profesionales de la forma más instructiva y sencilla posible,